出雲散家の
芸と大名

富士林雅樹

—伝承の日本史—

大元出版

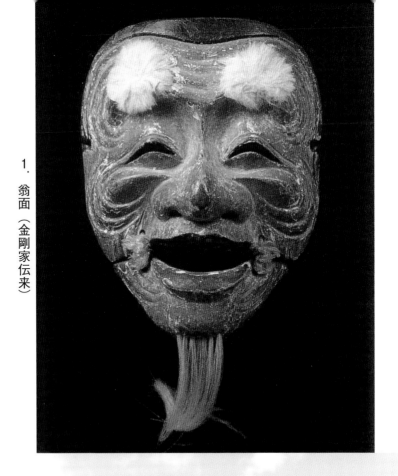

1. 翁面（金剛家伝来）

2. 上田城（長野県）

3. 桜井の別れ

4. 北の天満宮（京都市）

5. 根来寺（和歌山県岩出市）

6. 一遍上人像（無量光寺、相模原市）

7. 北条早雲（小田原市）

8. 韮山城（伊豆の国市）

8. 役行者（上野天神祭鬼行列）

目　次

はじめに

　「サンカ」と呼ばれる人々について、一時期話題となったこともあった。しかしブームは過ぎ去り、その名が聞かれなくなって久しい。

　その人々は、一般的にはセブリというテント小屋に住み、同じ土地に定住せず移動を繰り返す漂泊の民であった。また、箕やザルを作って里人に売ったり、ウメガイという両刃の短刀やテンジンという自在鉤を持ち、それらを身分の証にしていた。それ以外にも各地に住み着いて土地を持ち、一般の人に近い生活をする者たちもいた。

　彼らの生活の実態は不明な点が多く、長い間謎とされてきた。一般的な住民とは異なる生活を行っていた者もいたため、まるで山の洞穴で住んでいたかのように誤解させる漢字で表現されることもあった。（この本では、卑字を避ける。）

　しかし出雲の旧家の伝承によれば、彼らは日本の最初の広域統一王国・出雲王国の関係者であった。彼らは、出雲から各国に散った者たちであったため、この本では「出雲散家」というふさわしい名称で呼ぶこととしている。

　その伝承によれば、出雲散家は日本の歴史の裏で働き、表舞台の人々を支えてきた。そして、時には彼ら自身が表舞台に登場し、日本の歴史に大きく貢献することもあった。その話は、一般的に知られている歴史とは、異なる様相を示して

いた。

　しかし、多くの場合彼らの素性は隠されたので、その功績は認識されないまま現代に至っている。また、出雲散家（出雲忍者）の行う諜報活動は、人に知られることを最も嫌う。そのためその実態が記録に残りにくいという性質がある。しかし、文書がないからと言って彼らの存在や活動が無かったと考えることは誤りである。

　幸いなことに出雲の旧家には、出雲散家についての伝承が多く残っており、それらを通して彼らの実態を垣間見ることができる。

　彼らはある時は芸能者として、またある時は戦いに身を置きながら歴史を大きく動かし、陰で支えてきた。私たち日本人は、彼らの功績をよく知ることもなく、ただその恩恵だけを受けて現代にまで至っている。しかし彼らの行動の中には、私たちが大いに手本にしたり、誇りを持つべきものが多く含まれていた。たとえばそれは、自分の行いに厳しく、常に自分の頭で考えて工夫し、自ら率先し手足を使って行動すること、そして他人とくに弱者に対して優しく接し、チームワークを大事にすることなどであった。

　この本では、普段目を向けられることのない出雲散家の活躍に焦点を当て、彼らが日本の芸能の発展に大きく貢献し、また大名や忍者として現代までの社会をつくってきた史実について明らかにしたい。

第一章　イズモ兵と出雲散家(さんか)

１. 出雲王国とイズモ兵

　出雲の旧家には、次のような話が伝承されている。

　約4000年前、古代インドの中部にドラビダ族のクナ王国があった。そこのクナト王はブリヤート人の商人から、「太平洋に温暖で住みよい列島がある」と聞いた。

　クナト王は移住を決意し、民衆を連れてゴビ砂漠を通り、アムール川を筏で下って、津軽半島に着いた。

　上陸したクナト王は、そのとき赤がね（銅製）の矛をつけた杖を持っていた、と伝承されている。

　ドラビダ族とブリヤート族は、混血してイズモ族になった。

　ドラビダ族の方がブリヤート族より多かったので、ドラビダ語が中心となり、初めて日本語が成立した。

　イズモ族は日本海沿岸を南に移動し、出雲の地に移住した。その地を選んだのは、「黒い川があったからだ」と伝承されている。それは、良質の砂鉄を含んだ斐伊川のことだった。

　雪深い出雲の地では、春に出て来る新芽の緑色が目にしみるように美しく感じられた。イズモ族はその色を愛でて、自分たちの住む地方を「出芽(いづめ)の国」と呼んだ。

　千年以上の時を経て、各地のイズモ族の国を統一しようという気運が高まった。そして、クナト王の子孫が王家とな

り、出雲王国が成立した。

　出雲王国は、二王家制であった。両王家の当主のうちで年長の方が、老いるまで大名持と呼ばれる主王を務めた。その間もう一方の王家の当主は、少名彦と呼ばれる副王となった。

　クナト王の直系・東出雲王家の富家は、忌部の里の曲玉作りを支配して王家となった、と言われる。

　西出雲王家・郷戸家（神門家）は、製鉄を支配して強くなった。神門郡より南の諸郡は郷戸家の領域で、砂鉄の産地であった。

　中国山地の砂鉄は純度が高く、酸化チタンなどの不純物が少ないので、世界一製鉄しやすい原料であった。

　出雲王国の国教は、「縁結びと子宝の神」のサイノカミ（幸の神）信仰であった。それは夫神・クナトノ大神と后神・幸姫命、御子神・サルタ彦大神の三神を祀る信仰であった。

　サルタというのは、ドラビタ語では象の鼻のように突き出たもののことであった。だから、サルタ彦とはインドのガネーシャ神（象神）の別名であり、猿とは関係がない。この本では、誤解のないように、カタカナでサルタ彦大神と書く。

　出雲王国は、サイノカミ信仰で結ばれた宗教連合国家であった。また両王家の姫を嫁に迎えた家は、臣（御身の意）の資格を与えられた。臣家は王族として、各地の指導者となっ

た。各地の豪族たちは血縁でも結ばれ、結束を強めていた。

　出雲王国の周囲には、領土をおびやかす者たちが現れることがあった。そこで王国の人民と領土を守るため、イズモ兵の組織が調えられた。イズモ兵は、外敵と戦うことを想定し、基礎体力を養成する訓練をおこなった。小川を跳び越えながら走ったり、高い藪を跳び越える訓練が行われた。また、夜の暗闇の中で、猛スピードで野山を走る訓練もあった。古代の夜は現代と異なり闇が深かったので、その中を障害物に当たらないように暗闇の前方に棒を向けて走った。障害物に当たれば、そこをよけて走り抜けた。武器の訓練として弓矢での射的や、石つぶてを的に当てる訓練も行われた。

　軍事に関する職務は、副王・少名彦が担当した。大祭の時、少名彦の王宮の広場では、訓練の成果を競う大会が行われた。春には15歳、秋には30歳の男女が集められた。そして、各競技の結果が記録され、能力の順位が決められた。上の順位の者が、各地区の軍事指導者に選ばれた。王宮と各地との連絡網も作られた。

　出雲王国では、現在の1年を2年と数えるイズモ暦が使われた。つまり、春分と秋分が年2回の正月の日であった。

　東王家・富家が大名持の時期は、王庭（現・松江市大庭町）の王宮（現・神魂神社）において、春分と秋分の日に王

図1. 神魂神社（松江市大庭）

国各地の代表が集まって、クナトノ大神の宿る火神岳（現・大山）を遥拝した。そのときは、富家の姫巫女が祭主となった。

　西王家・郷戸家が大名持の時期には、智伊宮に近い園の長浜（現・長浜海岸）で、幸姫命の宿る佐姫山（現・三瓶山）を遥拝して大祭を行った。

　出雲王国の大祭の行事は、「マツリゴト」と呼ばれた。その行事の一つに、法律や規則を決める寄り合い（会議）があった。その会議で決められた法律や規則により、王国の領土が統治された。その行事会議の取りまとめは王である大名持が行い、会議で決められた条文は、ユウと呼ばれる樹皮紙に記録された。法律や規則の条文は、「出雲八重書き」と呼ば

れた。「八重」とは、数が多いという意味である。出雲八重書きは、各地に持ち帰られ伝えられた。

　この出雲八重書きの一つについて詠んだ、有名な歌がある。

　　ヤクモタチ　イズモヤエガキ　ツマゴメニ

　　ヤエガキツクル　コノヤエガキヲ

　しかしその歌は、一般的に間違った解釈をされ、恋歌のように考えられている。出雲散家による正しい解釈は、以下の通りである。

　〈出雲憲法の喜びの歌〉

　　自分たちイズモ族に暴漢はいない（ヤクモタチ）

　　婦女暴行（ツマゴメ）に対する憲法（イズモヤエガキ）がある

　　憲法を制定して、その憲法をいま手にして（ヤエガキツクル）、この憲法を守るぞ（コノヤエガキヲ）

　つまりこの歌は、出雲八重書きの一つであった、婦女暴行（一夫多婦）を禁じた掟について詠ったものであった。

　当時有力豪族は、複数の国と同盟を結ぶ必要があったため、多くの姻戚関係をつくったが、それ以外の人は一夫一婦制であった。彼らは、この掟が特に良い法律であると喜び、記念に歌をつくった。

　またマツリゴトの場では、各地の代表から珍しいできごとや、大きな事件や、地震・天候異変などが報告され、記録さ

れた。その記録紙の束が、近年まで旧東出雲王家・富家に残されていた。その文は横書きで、古代インダス文字のような字で書かれていた。また、夏歳1年、冬歳1年ごとに記録されていた。

　出雲王国の前期〜中期にかけては、王家の当主が亡くなると、風葬にされた。古代には、遺体を葬る前に、遠方より来る親族や知人に、死に顔を拝ませるモガリ（葬狩）の習慣があった。長期間のモガリに備え、遺体は水銀朱で腐敗処理がなされた。モガリが終わると、風葬をするために遺体は立て膝で座る姿勢にされて、大きい二重の竹篭（たけかご）に収められた。
　その篭は御輿（みこし）に乗せられ、東出雲王家・富家の場合は熊野山（松江市南方の現・天宮山）の頂上付近に運ばれ、ヒノキの大木の茂みに隠された。その木には締め縄が巻かれ、紙垂（しで）がつけられて、人や動物が触れないように高い柵で囲まれた。それは、神籬（霊隠木）（ひもろぎ　ひもろぎ）と呼ばれた。
　ヒモロギの遺体は、3年後に篭から出され洗骨されたあと、頂上付近の磐座（いわくら）と呼ばれる大岩の脇に埋葬された。
　熊野山の磐座には、富家代々の当主の遺骨が埋葬された。熊野山も神名備山（かむなび）として、崇拝の対象とされた。
　出雲王国の範囲では、イズモ族は同じように磐座に隠る（こも）祖先の霊を崇拝するようになり、磐座信仰が広がった。

2.　富宿祢のヤマト移動

　紀元前２世紀頃、東出雲王家・富家の王子・武御名方がイズモ兵を引き連れてシナノ国（長野県）上田を通って諏訪地方へ移住し、諏訪王国をつくった。

　また別の王子・クシヒカタはヤマト地方（奈良盆地）を開拓し、渡来系の海部家と協力してヤマト政権をつくった。その政権では、初めは海部家優勢の海部王朝ができ、そのあとは出雲族優勢の磯城王朝が引き継いだ。クシヒカタの家は、富家にちなんで登美家を名乗ったが、ヤマトに移住してからはカモ家とも呼ばれた。この家は、のちに山城国（京都市）にカモ神社を建てた。

　２世紀に、九州の渡来系・物部家が、ヤマトへ侵攻した（第一次物部東征）。

　磯城王家の大彦とタケヌナカワワケ親子は、イズモ兵を連れて伊賀地方へ移住し、そこの地名のアヘ郡にちなんでアベ家を名乗った。彼らはそこに敢国神社（三重県伊賀市）を建てたが、諏訪地方の出雲族とも親交があったようで、その社は諏訪社と呼ばれた時期もあった。

　大彦は物部勢に押され、イズモ兵を伴って琵琶湖東岸の野洲からさらに北陸へ移動し、最後はシナノ国で没した。

　一方のタケヌナカワワケは、イズモ兵を連れて東海地方へ移住した。

物部家はヤマトを制圧することに成功したが、武力だけで
は民衆の支持を得られず、やがて九州へ引き上げていった。

　３世紀に、ふたたび物部家による第二次物部東征が行われ
た。その中心人物は物部ミマキ王と、宇佐神宮出身の豊玉姫
（いわゆるヤマタイ国のヒミコ）の夫妻であった。

　彼らは魏国に支援を要請しようとした。当時、魏国へは朝
鮮半島にある帯方郡を経由する必要があったので、韓国出身
のヒボコの子孫・但馬守が、韓国語のわかる人材として登用
された。しかし当時、但馬の領主は海部家であったから、但
馬守を名乗ることは間違いであった。

　ヒボコが初めて住んだ土地が但馬であったから、自称・但
馬守は、先祖の出身地の守を名乗ったことになる。

　『三国志』「魏書」には、魏への使節となった但馬守のこと
を「難升米」と記している。

　物部ミマキ王と豊玉姫は東征の途上で亡くなり、ミマキ王
の息子・イクメ王が中心人物となった。

　第二次物部東征軍は、九州から瀬戸内方面と山陰側とに分
かれて進軍した。瀬戸内方面は首領である物部イクメ王（の
ちの垂仁大君）が進んだ。

　一方、但馬守は備後のヒボコ勢を率いて、東出雲王家・富
家の田和山神殿（松江市乃白町）を攻撃し、富家の飯入根を
はじめ守備兵を全滅させて去った。

　その後に安芸（広島県）から北上した物部十千根ひきいる

攻撃軍が、東出雲王宮（松江市大庭の神魂神社）を攻めるとの噂が流れた。

　最後の東出雲王（17代目少名彦）の富大田彦は、出雲軍の解散を宣言した。そして彼は親族とともに王宮から逃れ、南の熊野（松江市八雲町）に隠れた。

　押し寄せた物部軍に東出雲王国は降伏し、約900年におよぶ出雲王国は滅亡した。出雲王国の広域な領地の支配権は、物部政権に移った。東出雲王宮は司令官・物部十千根が所有することになった。物部十千根の家は、安芸（広島県）から北上したので、秋上家と呼ばれるようになった。

　熊野に移った富家は、館を構えた。その邸内に祠を建て、サイノカミのクナトノ大神と、祖先の事代主（8代目少名彦）を祀った。後世には邸内社は独立し、次第に大きくなり、熊野大社になった。

　渡来系のウカツクヌは、主家の富家を裏切って第二次物部東征軍を出雲に手引きした。ウカツクヌの先祖は、紀元前3世紀に徐福とともに秦国から渡来したホヒであった。ホヒとタケヒナドリの親子は隠中（スパイ）として出雲王に仕え、のちに徐福の命令により当時の8代目大名持・八千矛（西出雲王家・郷戸家出身）と少名彦・事代主（東出雲王家・富家出身）を死に追いやった。（拙著『出雲王国とヤマト政権』参照）

ホヒ家はその罪により、代々富家の奴になり、自由を奪われていた。それでホヒ家は、主の富家のことを逆恨みするようになった。ホヒ家のウカツクヌが出雲王国の滅亡を手助けしたのは、このような理由による。

　ウカツクヌは、物部軍に協力した功により物部勢の秋上家に仕えた。さらに、出雲征服の功績は自らの方が勝るとヤマトの垂仁大君に直訴し、秋上家を差し置いて出雲国造に任命された。

　出雲王国の旧王家や豪族たちは、ホヒ家が強くなり過ぎることを恐れた。それで旧出雲両王家の親族たちが、「財筋」という秘密組織を作り、ホヒ家を牽制することになった。出雲における実権は財筋が握っていて、以前の王国時代と同じように、出雲国内を支配していた。そして財筋は、ホヒ家を裏で牛耳っていたので、ホヒ家は言わばカイライ国造に過ぎなかった。また、財筋はホヒ家に対し厳しい掟を課すようになった。このようにして、財筋とホヒ家との長い確執の歴史が生まれた。

　山陰地方から先にヤマト入りした但馬守の軍勢は、磯城王朝関係者の領地を占領した。そこに兵士の家族も加わった。そこには自称・但馬守勢の人々が集まっていたので、「但馬」（奈良県磯城郡三宅町）という地名ができた。先に領地を広めて有力になった但馬守は、自分が大君であるかのように振

舞った。

　垂仁大君は、出雲の秋上十千根に但馬守の勢力を抑えるように指示した。十千根は出雲国造・韓日狭に出陣を頼んだ。

　ところが韓日狭は、出雲ではまだ人望がなく、命令に応じる者はいなかった。韓日狭はやむなく旧東出雲王家・富家に、出陣を頼まざるを得なかった。

　富大田彦は気が進まなかったが、田和山神殿を破壊した憎き但馬守への復讐を目的として、協力することにした。

　富大田彦はイズモ兵を集め、奈良盆地に西北から侵入した。そして但馬守勢の兵士を探し出し、河内国へ追い出した。さらに西に進んだイズモ軍は、但馬守勢を淡路島に追い払った。

　その功績により、垂仁大君は富大田彦に物部氏の敬称の「宿祢」を与えた。

　この出来事は、『日本書紀』に次のように書かれた。

　　当麻村（ヤマトの但馬村）に勇み荒い人がいた。名を当麻蹴速（但馬守の変名）と言う。強い相手を求めていた。出雲に強い人がいるとわかった。名を野見宿祢（富宿祢の変名）と言う。

　　大君が野見宿祢を招いて、当摩蹴速と相撲を取らせた。野見宿祢は当摩蹴速の腰を踏み砕いて殺してしまった。

　　そこで大君は蹴速の領地を取り上げ、野見宿祢に与え

た。

　但馬守勢が去った後の領地を、富宿祢は垂仁大君に捧げた。そこは後に大君の屯倉（直轄地）となった。それで、そこには「三宅町」（奈良県磯城郡）の地名が残る。その領地の管理は富宿祢の子孫・オウノ宿祢に任され、イズモ兵の一部が富本村に残った。

　富宿祢は多くのイズモ兵とともに出雲へ帰ろうとしたが、ハリマ国（兵庫県）の竜野で、ヒボコの関係者により毒殺された。

３．出雲出身の関東国造たち

　出雲出身の人々は、古墳造りが得意であった。それで、垂仁大君は、后のヒバス姫の古墳造りをイズモ兵に指示した。

　ヒバス姫の古墳造りが終わると、イズモ兵たちは仕事が無くなった。すると垂仁大王から、東国の阿倍勢力を追い払うよう頼まれた。阿倍氏は、物部勢力に対抗した磯城王朝の大彦の一族であった。

　出雲の豪族の子弟たちも続々と出雲から到着し、イズモ勢はヤマトに住みついている人も集めて、出兵した。

　出雲の旧王家では、三輪山を攻めた豊国（大分県）の勢力を追うのが隠れた目的であった。豊来入彦や宇佐八綱田が連れて来た豊国軍兵士が住んでいた三河国に向い進軍した。

　豊国出身者は豊田や豊川・豊橋などの「豊」の字のつく町に多く住んでいた。出雲軍は、豊国兵を見つけ出し、北方へ追い払った。

　豊国兵の集団を、関東の北部まで追いやった。かれらが住みついたのは、上毛野国（群馬県）と下毛野国（栃木県）であった。

　出雲勢は、関東地方の中部と南部に落ち着いた。出雲の豪族の子弟は分散して住みつき、兵士に開墾させた。

　それで、『旧事本紀』の国造本紀に書かれているように、関東地方に出雲系の国造が多く任命された。関東は出雲の植民地だと言われた。相模を初めとして、師長・武蔵・須恵・馬来田・上海上・伊甚・安房・下海上などの国造家が出雲出身である。

４．出雲散家の諜報活動

　そのあとイズモ兵の一部は、故郷の出雲に帰った。ところが、彼らの土地は残っていなかった。やむなく彼らは出雲から各国に散っていった。それで彼らは「出雲散家」と呼ばれるようになった。彼らは出雲では、山の人や山家と呼ばれることもあった。それらはあくまでも他称であって、彼らは自らその名を名乗ったことはなかった。

　出雲散家は土地を持っていない者が多かったので、奈良時

図2．山家駅（京都府綾部市山家）

代に富家は、松江市大庭付近の土地を出雲散家に売って、杵
築大社（現・出雲大社）の土地を買う費用に充てた。だか
ら、大庭方面に多くある富家の方墳は、出雲散家が保有して
いたこともある。

　出雲散家の中には、太田市の石見銀山で働く者も多かっ
た。戦国時代に銀山は尼子氏が支配していたが、のちに尼子
を倒した毛利氏が保有するようになった。その際に富家は毛
利氏に対し、銀山で働く貧乏な出雲散家に土地を与えて貰う
よう依頼した。だから今でも、銀山の周辺に出雲散家は住ん
でいる。

　彼らは、とくに日本海側の旧出雲王国の領域の山奥に住ん
だ者が多かったようで、三角寛著『サンカの社会』では、明

治時代の警官の文書に「山家（出雲散家）は雲伯石（出雲・伯耆・石見）三国辺隅の深山幽谷に占居する」との記載があることを紹介している。

　ところで三角寛は、出雲散家の存在を世に広く知らしめたという点で功績のあった人物ではあるが、その著作の内容には創作や捏造が疑われている部分もある。しかし、その著作には出雲の旧家の伝承とも一致する部分があり、少なくともその箇所は出雲散家から聴取する等の調査結果に基づいていると考えられることから、この本ではとくに正しいと考えられる箇所については、参照することとしたい。

　出雲から各地に散った者たちの中には、土地を持ちその地方に住み着いた者もあった。また、3世紀以前に各地に散っていたイズモ兵たちも、出雲散家の仲間となった。

　彼らはお互いに協力するために、「散自出雲」という秘密結社を作った。秘密組織であるので、史料に記録されておらず歴史家にも知られていない。旧東出雲王家・富家は、かれらに歴史上の大事件の真相を探らせ、報告する仕事を頼んだ。

　つまり、その集団は諜報機関となった。政権側は勝者偏重の官史を作ったが、富家の歴史記録は公平で正確であった。そのため、出雲の地元では富家のことを「日本史の家」と呼ぶようになった。

大元出版の本は、この記録により書かれている。この記録を聞く講演会は、出雲の大社町で昭和時代まで続けて行われた。

　熊野大社（松江市八雲町）で春分と秋分に行われる年2回の正月の大祭には、北は越後国（新潟県）から南は筑前国（福岡県）まで、各地の出雲散家の代表が参列し、聖山・熊野山（松江市南方の現・天宮山）を遥拝した。かれらは、大社の近くの出雲散家のつくった寺で、白い装束に着替えてから参拝した。それは出雲系の修験者の恰好であることが多かった。そして祭りの際には必ず、代表者が土産を持って富家に挨拶しに来ることになっていた。挨拶の後は、彼らは出雲国造家（ホヒ家）の屋敷の周りに集まり、サイノカミの祝詞を大声で読み上げたり、鬨の声をあげる習慣があった。それは出雲散家が旧出雲王家を守り続けていることを、確執のある国造家に示す示威行動であった。
　旧出雲王家と国造家との間の確執は、古代から現代までの長い間続いていた。今でも旧出雲王家側の旧家の人は、「うちはあの家には本当に迷惑している」と、まるで最近の出来事のような口ぶりで、国造家との確執の歴史を語る。古代出雲王国の争いの歴史は、今もまだ続いている。
　そのような経緯のために、国造家にとって旧出雲王家は煙たい存在であった。それで、もし国造家が旧出雲王家に危害

を加えるようなことがあれば、出雲散家はだまっていないということを示す必要があった。それが、大祭の時の鬨の声の目的であった。それ以外にも、大社の神官の中には出雲散家出身の者がおり、国造家が悪い行動をしないよう見張っていた。

国造家はこのような出雲散家の行動に恐怖を感じていたらしく、旧出雲王家に手出しできなかった。それで旧出雲王家は国造家に対し、長期にわたって優位な立場を保つことができた。

祭りの後には、出雲散家は霊山・熊野山の樹木の小枝を自国に持ち帰り、参拝の証拠として地元の人々に見せた。

のちに杵築大社（出雲大社）ができてからは、かれらはその社に正月元旦の人目のつかない早朝に参拝するようになった。付近の出雲散家の寺で、白装束に着替えるやり方も踏襲された。その習慣は明治時代まで続けられたという。

明治時代においても、正月には必ず出雲散家の集団の中の代表者2、3人が、地元の珍しい土産物を持って大社町の富家の屋敷に挨拶に来ていた。土産物の中には、太い竹でつくられた竹筒に地元の珍しい酒を入れたものもあった。出雲散家には、竹細工を生業としている者が多かった。それで金属製やガラス製の入れ物などが世間に出回るようになってからも、出雲散家は独自の竹筒を使うことにこだわっていた。その中の酒には竹の味がほのかに染みて、独特の良い味がした

という。

　イズモ兵の末裔が出雲散家になった名残りは、色々な所に
残っている。
　出雲八重書きの婦女暴行（一夫多婦）を禁じた掟が、イズ
モ族と出雲散家に共通したものであることは、前述の通りで
ある。
　出雲山地には良質の砂鉄があったから、古代から製鉄が行
われた。出雲王国の人々は良質の砂鉄を使って、ウメガイと
呼ばれる両刃の小刀を作った。ウメガイは木を削って日用品
などを作るのに便利で、各地の豪族から好まれ、多くの人が
土産と交換して帰ったという。
　出雲散家がシンボルとした小刀も、同じ名前のウメガイと
呼ばれている。「ウメ」は「見事な」、「ガイ」は「断ち割る」
という意味であった。三角寛が、出雲のヒノカワの辺りから
の出土品といって出雲散家から見せられた古剣は、長さ七寸
（20センチメートル）、幅一寸八分（5.5センチメートル）
で、あまりにも立派なウメガイであったという。つまり、出
雲散家の中には、イズモ族と同じように金属精錬技術に長け
た者がいた。
　信仰面では、イズモ族と出雲散家はともに太陽信仰を持っ
ていた。
　また出雲王家の風葬と同じように、出雲散家の最高葬も、

明治時代ころまでは風葬（シナドオクリ）であった。

　出雲散家は、明治時代ころまで各地で忍者として活躍していた。丹波国は、出雲散家の集団移住地であった。綾部市の山家には、アヤタチという大親分の広い屋敷があった。

　出雲では出雲散家のことを「山家」と呼ぶこともあったので、それが丹波の地名となって現れている。

　丹波が出雲散家の本拠地であったことは、実は昔から有名であり、忍法の巧みさを示す「丹波七化け」という言葉もあるほどであった。

　出雲散家は忍者として活躍するために、ある年齢まで成長した子供が男女ともに一度は山家の親分の屋敷に集まり、忍術を訓練する習慣があった。それが出雲散家にとって、いわゆる通過儀礼になっていた。

　その訓練とは、初めは幅のある小川を勢いをつけて、なるべく遠くへ跳びこえる練習だった。そのほか崖や樹木にすばやくのぼって隠れたり、屋根の上を走りまわる練習をした。身近な小物を使って攻撃し、相手がひるんだ隙に逃げる練習もあった。瞬間的に煙を出して、敵が驚いている間にサッと藪の中に隠れる術や、夜に短い棒を前に向けて山道を駆け巡る練習もやっていた。それらは、古代のイズモ兵の訓練方法を引き継ぐものであった。

　三角寛著『サンカ社会の研究』によると、この丹波での修

行は「タニハモドリ」と呼ばれているという。

　旧東出雲王家・富家には、その家の女性が子供の頃（江戸時代末期）に、丹波の出雲散家の訓練に参加したという話が伝わっている。

　その話によれば、彼女は前述のような訓練を一通り学んだが、とくに吹き針の術を得意としていた。その技は縫い針を50本ほど入れた袋を懐に隠しておき、敵が接近すると見えないように数本を素早く口に含め、敵の眼を狙って勢いよく吹く。それが眼に命中すると敵は一瞬ひるみ、その隙にこちらは逃げるというものだった。普段は人ではなく障子を的にして距離感などをつかむ練習をしたとのことで、彼女はその技に習熟し百発百中の腕前になったという。

　一般的に吹き針の術は、縫い物の得意な女性の護身術だったと言われる。筒などの道具を使わずに縫い針をまっすぐに飛ばすのは大変難しく、非常に高度な技術であったものと推定されるが、平和になった現代では無用となり、その技は絶えて久しくなった。

　サルタ彦大神を崇拝した出雲散家の出身者には、能・狂言の観阿弥、世阿弥たちや、歌舞伎の出雲阿国がいて、芸能文化の発展にも大いに貢献した。近代に学生の間で流行したデッカンショ節は、その事情を示している。

　　丹波　篠山　山家のサル（出雲散家）が　ヨイヨイ

花のお江戸で芝居（歌舞伎）する　ヨイヨイデッカンショ

　出雲散家は芸能との関わりがあり、傀儡師（人形芝居師）として生計を立てている者もいた。平安時代後期の『散木奇歌集』巻10「連歌の部」に、「伏見に傀儡師のサムカ（出雲散家）がやって来たので、さき草という曲に合わせて人形芝居をさせようと思い、人を呼びに遣わしたが、宿泊していた家からいなくなっており、来て貰えなかった…」という内容の記録がある。

　兵庫県の西宮神社（西宮市）はエビス様の総本社として有名であるが、その北隣の産所町には傀儡師の銅像があり、台座に「傀儡師故跡」と書かれている。その銅像は、傀儡師が肩から箱をつるし、その上で簡単な人形芝居をしている様子を表している。彼らは、エビス様の鯛釣りなどの人形芝居をおこなって御神徳を説いて回り、エビス信仰を全国に広めた。

　産所町には古くから傀儡師が住んでいて、地名の「産所」はもとは「散所」であり、傀儡以外のさまざまな芸能者も住んでいたと考えられている。散所には出雲散家が多く住んでいたので、それらの芸能者も出雲散家だった可能性がある。

　この阪神間には、4世紀にオキナガ姫皇后（神功皇后）が、出雲族ゆかりの太陽の女神を祀る広田神社（西宮市）や長田

神社（神戸市）を建てた歴史があり、出雲族が多く住んでいた。それで西宮神社にも、出雲王家ゆかりの事代主大神（エビス大神）や大国主大神（八千矛）が祀られている。その社は海岸近くに鎮座し、漁業と水運の神としても崇敬されていた。

　かつて産所町には百太夫社が鎮座し、傀儡師の祖とされ

図３．百太夫神社（兵庫県西宮市）

る百太夫神が祀られていた。百太夫神とは、サイノカミ信仰のサルタ彦大神が、百体のお姿に変わって広大な御神徳を表す、という話から名づけられたと言われる。たとえば芸能の神以外に、疱瘡などの病気平癒の神や不老長寿の神でもあった。お百度参りの「百」も、この神にちなんでいると言われる。

　また、百太夫神には「道君坊」という別名があるが、「道
の神（道案内の神）」であるサイノカミやクナトノ大神にち
なんでいるものと考えられる。つまり百太夫神は、出雲散家
にとってもなじみの深い神であった。

　百太夫社は、幕末に産所の地が衰微した時に、西宮神社の
境内に移され現在に至っている。

　ちなみに、江戸時代には産所村の西隣に夙村があったが、
そちらも同じように様々な芸能を職業とする人々の村であっ
たと考えられる。「夙」の字は、もとは天皇の御陵番の「守
戸」が訛ったものとされ、御陵の多い近畿地方に多く住む賤
民を意味し、その子孫には芸能を行う者もいたと言われる。
現在その付近には、「夙川」という地名のみが残っている。

　出雲散家の中には、セブリという布張りのテント小屋に住
み、時々住居を移動させながら生活していた者たちがいた。
そのテント小屋には囲炉裏があり、その上には鍋をかけるた
め自在鉤（テンジン）という小枝つきの木を使っていた。ま
た草履・わらじを作ったり、箕の修繕をして生活費を稼いで
いた。

　古代には出雲族は、出雲の斐伊川（箕の川）で竹で編んだ
箕を使って砂鉄をすくい取っていた。稲作が始まると、箕は
収穫物から殻や塵などを取り除く農具などとしても使われ始
め、「箕」と呼ばれるようになった。だからその末裔の出雲

散家も、箕の製作や修繕を得意とし生業<ruby>なりわい</ruby>としていた。箕作り
は、習得するに何年もかかるような大変難しい技術であり、
普通の農民が農業の片手間でできるような仕事ではなかっ
た。だから、出雲散家が箕の行商に来た時には、農家から重
宝がられた。彼らは、それ以外の竹細工や籠なども器用に作
って売り歩いていた。

　また彼らは川魚漁も行い、獲った魚を売り歩くこともあっ
た。それはある場所で漁をしたら、また別の場所に移って漁
をするという漂泊の暮らしであった。

　丹波の山家付近を流れる由良川<ruby>ゆら</ruby>の流域でも、戦後まで夏に
鮎漁<ruby>あゆ</ruby>をして生計を立てる出雲散家の姿が見られたという。

　江戸時代末期の旅行・探検家の松浦武四郎は、このような
生活をしている出雲散家に出会ったことを、『飛騨紀行』と
いう日記に記している。それによると、諸国を巡り始めたば
かりの若い武四郎は、天保6（1835）年17歳の時に北陸地
方から岐阜県にかけて旅行をしたが、その途中の下呂市付近
で病にかかり、辻堂で体を休めていた所を、「山家（サン
ガ）」と呼ばれる人々（出雲散家）に助けられたという。

　彼らは、人家には泊まらず山でムシロを敷いて寝泊まり
し、自在鉤を作って飯を炊いたり汁・茶を煮ていた。厳しい
掟があり一人に一つの鍋を持ち、雨の日は草履・わらじを作
ったり、箕の修繕をしていた。武四郎が寝込んでいても決し
て悪いことをせず、大いに憐れんで脈を診たり、薬草を煎じ

て飲ませてくれたりした。一人の子供は、川魚を3匹釣って
きて、焼いたものを食べさせてくれたりもした。3日目に山
家たちは別の場所に移動するというので、金銭を渡そうとす
るがなかなか受け取ろうとせず、別の山家に会ったら「郡
上《じょう》の爺《ぐ》」と同宿したと言うように教えてくれた。その別の
山家たちも皆いたわってくれて、医者を呼んで薬を貰ってく
れた。武四郎はこの日記を書くときに、その時の恩を思い出
して「涙こぼるるばかりなり」と述べている。

　この話により出雲散家は、弱者に惜しみなく手を差し伸べ
るような、親切で心温かい人々であったことがわかる。

　漂泊の生活をしていた出雲散家は、昭和の初期には各地で
その存在が認められていた。しかし、戸籍登録が進むように
なると次第に近代社会に同化するようになり、昭和30年代
には姿が見られなくなったと言われる。

　しかし出雲の旧家の話によれば、旧東出雲王家の聖地・熊
野山（松江市南方の現・天宮山）では、20～30年ほど前ま
ではセブリやテンジンを使って生活をしている出雲散家の人
が見られたという。出雲散家は長い間熊野山を崇めていたの
で、その子孫も時々そこに住んで東出雲王たちの神霊を拝ん
でいたのだろう。旧東出雲王家・富家では、出雲散家のその
ような行いに対し、感謝の気持ちを抱いているという。

　出雲散家の子孫たちは、今も全国各地に散らばり、一般社
会の中で生き続けている。

第二章　悪党と呼ばれた楠木正成

1. 役行者と山武士

　文武天皇3（699）年5月24日、役君小角という人が伊豆大島へ配流された。

　この小角は、はじめは葛木山に住み、呪術に長けていたので、人びとから称賛を受けていた。外従五位下の韓国連広足が弟子入りし、師と仰いでいたほどだった。

　ところがその後、広足が彼の能力をねたみ、あやしい言葉で人びとを惑わしたと讒言した。そのために、遠方へ配流されることになった。

　世間で伝えられていることによれば、「小角は鬼神を使役することができ、水を酌ませたり、薪を採らせたりした。もし鬼神が彼の命令に従わなければ、すぐに鬼神を呪縛した」という。

　この話は、797年に完成した『続日本紀』という勅撰史書（公式の史書）に、書かれた史実である。この話から、役小角が実在の人物であったことがわかる。

　後半の小角が鬼神を使役したという記事は、人びとの噂話を記録したものであるが、この話をもとにして、後世にさまざまな伝説がつくられることになった。

　少し後につくられた『日本霊異記』には、役小角について次のように書かれている。

役の優婆塞（僧になっていない在家の信者）は、賀茂の役公で、今の高賀茂の朝臣はこの系統の者である。大和国葛木上郡茅原村の人である。

生まれつき賢く、博学の面では並ぶ者がいなかった。仏法を尊重して信じ、修行に専念した。

彼はいつも五色の雲に乗り、大空の外に飛び、仙人たちとともに永遠の世界で生活し、養生の気を吸って暮らすことを願っていた。

このため、40余歳の年齢になっても、なおも岩窟に住んでいた。葛皮の着物を身にまとい、松の葉や実を食べ、清水の泉で身を清め、欲望を取り除き、孔雀の呪法を修め、不思議な験術を身につけることができた。鬼神を自在に操ることもできた。

多くの鬼神に命じて、大和国の金峯山と葛木山の間に橋をかけようとしたところ、葛木山の神である一言主が人に乗り移って、文武天皇に役の優婆塞の謀反を讒言した。

天皇は役人に逮捕させようとしたが、彼の験力により簡単にはつかまらなかった。しかし彼は、母を人質にとられると、自ら出頭して捕らえられた。朝廷はすぐに彼を伊豆大島に流した。

伊豆での彼は、時には海上に浮かび、陸上のように走った。また、体を高所におき飛び行くさまは、大空を羽ばたく鳳凰のようであった。

昼は勅命に従い島で修行し、夜は駿河の富士山に飛んでいって修行した。…

　島に流されて3年が過ぎ、大宝元（701）年正月に許されて朝廷の近くに帰り、ついに仙人になって天に飛び去った。…

　一言主は、役の優婆塞の呪法で縛られて、今になっても解けないでいる。…

　小角は7世紀後半の大和国茅原村の吉祥草寺（きっしょうそうじ）（御所市茅原）で生まれたと言われている。同寺の境内には、小角が生まれた時に使われたという「産湯の井戸」がある。

　彼の母は賀茂役氏の娘・都良女（とらめ）（白専女（しらとうめ））という女性であった。「役（えん）」は「賀茂の役（えだち）の公民（きみうじ）」を示し、賀茂氏に奉仕する家系であったと考えられている。

　出雲の旧家の伝承では、役小角は出雲族の出身であったと伝えられており、同じ出雲族出身の賀茂氏に仕える家だったものと考えられる。

　小角は成長すると、葛木山（現・金剛山）に登ったり、滝に打たれたりする日々を過ごすようになった。

　紀元前2世紀頃、出雲両王家の親族が大勢の家来を連れてヤマト（奈良県）の葛城に移住した。古代出雲では、神をカモと発音した。それで、ヤマトに移住した出雲両王家の親族

は、カモ族と呼ばれた。とくに、西出雲王家の出身者は、高鴨家と呼ばれた。高鴨家の子孫が、賀茂朝臣や高賀茂朝臣となった。

　古代の出雲王国の領域には、各地に先祖神のやどる神名備山があった。ナビとは古語の「隠る」の意味であるから、神名備山は「神の山」を意味していた。葛城地方では葛木山が神名備山であり、その中腹には高鴨家の祖霊が眠る「高天原」という場所もあった。

　出雲族はそこに登ると、神に近づくことができると考えていた。それで小角も、霊能力を高めるために、葛木山で修行した。

　余談であるが、山の修行には、魂を強くする作用があるという。人気のない高い山や洞穴で瞑想を行うと、雑念が消えていき、近くの雑音よりも、むしろ遠くの小さい音の方がよく聞こえるようになるらしい。そして、魂の声が聞こえてくることもあるという。

　同じように断食や禊ぎ、滝行にも、魂を強くする作用があるとされ、神道や仏教でもその方法が取り入れられている。ただし、このような荒行は命の危険が伴うので、必ず経験のある指導者がついて行う必要があるという。

　このような修行を続けると、魂の力が高まり、いわゆる幽体離脱を自在に行うことができるようになることもあるらし

い。肉体を離れた魂は、自由自在に好きな所を飛行し、また
もとの肉体に戻ってくるという。

　出雲には古くから神職を務める旧家があり、そこの当主は
日頃から禊ぎなどの魂の修行をおこなっていた。そのためそ
の家には、幽体離脱や未来を予見する能力を持つようになっ
た人が、少し前には実際にいたという。

　たとえばその人は、ある天気の良い日を選んで遠方の小笠
原諸島まで自分の魂を飛行させ、帰ってきた時には、「今日
はあの辺に 鯨 がたくさん泳いでいたよ」という不思議な話
をしたという。

　またある時には、「今日はお客が来るよ。全然知らない人
で何の連絡もないけど、そういう人が見えるよ」ということ
を言い、その言葉通りにその当日に、面識のない客が訪問し
てくることがあったという。

　出雲の旧家からこのような話を聞くと、科学で証明するこ
とは難しいが、霊の世界は本当にあるのかもしれないと思え
てくる。少なくとも、筆者はそのように感じている。

　さらに想像をたくましくすれば、古代の姫巫女もそのよう
な霊能力を使って、大祭を執り行っていたのかもしれない。
その理由は、多くの人心をつかむためには、やはり何らかの
特殊な能力が必要だったと思われるためである。

　役小角が自由に飛行したり、不思議な験術を使ったりした
りしたという伝説も、おそらく同様の能力のことを示してい

るものと思われる。

　後述する忍者についても、山の修行で同じような霊能力を獲得していた、もしくは、獲得しようとしていたものと思われる。

　小角は若い頃より博学で、仏教の知識も豊富であった。しかし、彼の先祖は出雲出身で、サイノカミ（幸の神）信仰を持っていた。

　当時は仏教が盛んになり、その勢力の圧力により古いサイノカミ信仰は廃れつつあった。それで彼は、仏教勢力の及ばない山岳で、サイノカミ信仰を守る宗教をつくろうと考えた。それが、修験道の始まりであった。

　彼は仏教勢力に負けないように、自分の宗教に工夫を加えた。

　一つ目は、表面上では仏教の一派のように装うことであった。これは、仏教勢力からの敵対的な視点をそらす効果があった。

　また山陰地方では、斎の木に巻きつく竜神やサルタ彦大神などの守護神が荒神と呼ばれたが、その信仰がヤマト国などにも広がっていた。サイノカミを「幸神」と書くと、「荒神」と同じ音読みとなるので、「幸の神三神」は仏教の三宝にならって、「三宝大荒神」と名づけられ、役行者がその信仰を広めたと言われる。

三宝荒神は三面六臂の姿で、6本の腕に鉞や矢、剣、鈴、弓、杖を持つとされた。そして修行者を助け、不信心な者を罰する神だとされ、火の神や火伏せの神とも言われる。

　二つ目は、前述の霊能力を高める方法であった。仏教勢力は小角の霊能力の高さを目の敵にして、讒言などをおこなったが、結果的には宗教的な能力で勝る小角の活動を止めるには至らなかった。弟子たちも、小角の神通力に憧れを持ち、少しでも師に近づこうと厳しい修行をおこなった。

　三つ目は、山岳を走り回り肉体を鍛えることで、身体能力を高め、自衛力を持つことであった。修験者が錫杖を持つのも、いざという時に武器として使うためであった。
　小角はこのような修行を続けるうちに、「役行者」と呼ばれるようになった。彼のもとに集まった弟子たちは、やがて各地の山岳で修行するようになり、修験道が全国の山岳に広まった。

　権力者側は、役小角のこのような活動に危機感を持ったため、彼を伊豆大島に流したものと考えられる。しかしその後も、修験道はさらに発展していった。
　修験道は、出雲のサイノカミ信仰とつながりがあったので、多くの出雲散家（出雲忍者）も入信するようになった。

それで、彼らの忍びの技も、修験道に取り入れられていった。やがて、修験道が盛んな山々やその付近の地域では、忍びの技も発展するようになっていった。修験道を通して山で培われた薬草の知識は、忍びの技に取り入れられるようになった。

やがてサイノカミ信仰のサルタ彦大神と、山々を身軽に駆け回る修験者の姿が結びつき、鼻高天狗の姿のイメージがつくられるようになった。

役小角は、修験道の開祖として長きにわたって崇められるようになり、江戸時代には朝廷から「神変大菩薩」の諡号が贈られた。

このようにして出雲族由来の修験道は発展していったが、それ以外に、仏教の僧侶の一部が弟子として集まる系統もでき始めた。

その一つは、四国遍路を始めた空海ゆかりの真言宗の系統であった。空海は高野山で即身成仏を遂げたと言われており、その伝統を受け継いで湯殿山（山形県）周辺で木喰行（断食行）をおこなう一世行人たちがいた。この影響で、湯殿山の周辺には即身仏（ミイラ）寺が多く存在する。

もう一つの系統は出羽三山の羽黒山（山形県）にあり、ユダヤ系の習慣を持っていた。前３世紀に中国より渡来した徐福は、ユダヤ人の末裔の斉国の王族であったと言われてい

る。それ以外に、応神大君の時代に渡来した秦族も、ユダヤ人の末裔であったと言われている。それらの人々が持ち込んだユダヤ人の習慣が、修験道にも取り入れられたものと考えられる。羽黒山系の修験者の服装は羽織袴で、胸に玉飾りのついた帯をたらし、頭にユダヤ系の黒い小さい冠を付けている。

　これらの修験者は一括りで説明されることが多いが、この本では、特に出雲族由来の系統について、焦点を当てて述べることとする。

　出雲族由来の修験者の服装は、麻の衣であった。平安時代以降は修験道に入信した出雲散家は、合戦があると臨時的に陣笠（足軽や雑兵）として参加するようになった。それで彼らは、「山武士」と呼ばれるようになった。彼らは正式な武士ではないので、区別するため「山伏」とも書かれるようになった。山武士は、普段は修験者の振りをしていた。

　山武士の大部分は出雲散家で、規律が厳格であった。もし親分の命に背き悪事を働いたり、味方を裏切るようなスパイを働いた者があれば、知られないように処罰された。

　彼らは合戦では、両方の陣営に分かれて参加した。戦いが進むにつれ、どちらが勝つかを見極め、負けそうな側にいる者はひそかに勝ちそうな側へ移動した。合戦に勝利すると、

見返りとして収入を得た。

　さらに、戦場に転がる死体の甲冑や武具を拾って売り払い、金銭を得るようになった。あるいは、それらを自分の武装用に使う場合もあった。その場合は、全身で鎧兜の装いが一貫していないことが多かった。

　彼らはそのちぐはぐな身なりと、権力者や荘園体制への反抗的な行動などによって、「悪党」と呼ばれるようになった。悪党の「悪」とは、「敵対する者から憎まれるほど強い」という意味であった。彼らはさまざまな合戦に参加し、活躍の範囲を広げていった。

　時代は下り鎌倉時代の末期ころに、その悪党の中から知将として名高い楠木正成という人物が、彗星のごとく現れた。

２．悪党・楠木正成の活躍

　元弘元（1331）年、河内国の土豪・楠木正成は後醍醐天皇に味方し、赤坂城（大阪府南河内郡）で挙兵した。

　それを制圧するため、鎌倉幕府の大軍勢が東国より到着すると、赤坂城は急いで作ったようでたいした備えもなく、貧弱な様子だった。皆これを見て、「なんとかわいそうなことだ。こんな城なら片手で投げることができそうだ。軍功を上げて恩賞を貰うまで、なんとか一日ぐらいは持ちこたえてくれよ」と思わずにはいられなかった。

こうして幕府軍は馬から下り、我先に城に打ち入ろうと攻めかかった。

　それに対し、正成勢は敵を引き寄せ次々と矢を射たので、たちまち幕府軍から死傷者が多数出た。幕府軍は意外に城の守りが堅いことを悟り、いったん兵を引き武具を脱いで陣所で休んでいたが、正成勢がひそかに近づいて勢いよく打ってかかった。幕府軍はあわてふためき、武具の取り合いをして、従者が主を守らず、子が親を助けないで、まるで蜘蛛の子を散らしたように石川の河原まで引いていった。幕府軍は思いもよらず初戦で負けたので、正成のことを侮れないと思い、すぐに城を攻めようとはしなかった。

　しかし赤坂城は東の一方は棚田が高く重なり、少し難所のようであったが、それ以外の三方は平地に続いており、堀一重と塀一重しかないので、どんな鬼神が籠っていようとも何ほどのこともないと幕府軍は気を取り直した。次の日に、幕府軍はまた城を取り巻いて攻めようと塀に取り付いたが、一重と思っていた塀は実は二重で、その塀の外側が外され多数の兵士がともに落下した。さらにその上から、大木や大石が投げかけられ、また多くの死者が出た。幕府軍は城を攻めるのをやめ、陣をはって城を遠巻きにした。

　4、5日たったあと、幕府軍は作戦を変え、楯を使って用心しながら城に近づいた。すると、城中から長い柄杓で熱湯をかけられ、火傷を負う者が多数出た。

　幕府軍は作戦を変えるたびに、城方は工夫して防いだので、もう兵糧攻めをするしか方法はなくなった。

　正成は急いで城を構えたので、たいして兵糧の用意をしていなかった。城を囲まれて20日あまりで兵糧が尽きかけようとしていたとき、正成は死んだふりをしていったん城から抜け出し、幕府軍が引いたら、また攻める作戦を立てた。

　そして城中に大穴を掘り、その中に死んだ敵兵を20〜30人ほど入れて、雨が激しく降る夜に敵兵にまぎれて、少人数ずつ城を抜け出した。

　正成たちが城を抜け出すと、城中に残った1人が大穴の遺体と、城の建物に火を放った。

　幕府軍はそれを見て、城が落ちたと思い、勝ち鬨をあげた。そして、城中の大穴の遺体を見て、正成は自害したものと思い込んだ。

　元弘2（1332）年正成は、赤坂城に兵糧を入れる人夫を襲って、自分の軍勢と入れ替え、城中へ入り込ませた。城中に入った楠木勢は、兵糧の俵に隠しておいた武器を取り出し、鬨の声をあげた。城を守っていた幕府方の湯浅氏は、すでに城の内外の敵に挟まれていることを悟り、降伏した。

　赤坂城を奪還した正成は勢いを盛り返し、上赤坂城などを築いて、自身は千早城に立てこもった。

元弘3（1333）年、幕府の大軍勢は、千早城の周囲を取り

図4．千早城跡（大阪府南河内郡）

囲み、一寸の余地もなく満ち満ちた。

　正成は、この大軍勢に恐れることなく、わずか千人に満た
ない小勢で、じっと我慢して防戦した。

　千早城は低い小山の上にあり、周囲は一里に満たない小城
であったので、はじめ寄せ手は見くびり、攻撃準備も整えず
に、我先にと城の木戸口まで攻めのぼった。

　すると城中の兵たちは少しも騒がず、大石を次から次へと
投げ落とし、寄せ手の楯を粉々に打ち砕いた。さらに逃げま
どう寄せ手に矢をひっきりなしに射かけたので、幕府側は四
方の坂から転げ落ち、折り重なり、負傷して死ぬ者が絶えな
かった。

　そのため、幕府軍による攻撃はいったん中断された。

　何日か過ぎた後、正成は「よし、また寄せ手どもを欺いて、居眠りから目を覚まさせてやろう」と言って、甲冑を着せ武器を持たせたワラ人形を20〜30体作って、夜中に城の麓に立てて置いた。その後ろには、精鋭500人を紛れ込ませた。そして、夜がほのぼのと明けると、鬨の声をどっとあげさせた。

　四方の寄せ手はそれを聞いて、「あっ、敵が打って出たぞ。敵は死物狂いだぞ」と我先に応戦した。

　城方は、計略通り少し矢戦をする振りをして、大軍勢が近づくと、人形だけをその場に残して、徐々に城中へ引き上げた。

　追いかけて来た寄せ手どもは、人形を本物の兵と勘違いして、討ち取ろうと集まってきた。

　正成は、頃合いを見て大石40〜50個を一度に落としたので、集まっていた寄せ手の兵はただちに打ち殺され、半死半生の者も多数出た。

　さらに寄せ手は、深く切り立った堀に橋を渡して、城に討ち入ろうとした。すると、正成は火をつけた松明を投げ、滝のように油を注いだので、谷からの風にあおられて橋が燃え上がった。寄せ手の多数の兵たちは、前へも後ろへも進むことができずに、燃え崩れた橋とともに谷底へ落ち重なり、焼け死んだ。

この話は、『太平記』のクライマックスの一つである、赤坂・千早城での攻防のシーンである。

　これらの戦いで、正成は知略を存分に発揮し、鎌倉幕府の大軍を散々に打ち破ったことで知られている。

　とくに正成が千早城で幕府軍を引き留めている間に、新田義貞や足利高氏（尊氏）などが幕府から離反し始めた。この結果として、鎌倉幕府は滅亡するに至った。つまり正成の知略が、鎌倉幕府を倒すきっかけの一つを作った、と言っても過言ではなかった。

　出雲の旧家では、楠木正成は河内国方面の出雲散家の頭であったと伝えられている。

　赤坂・千早城の正成の戦いぶりは、出雲散家が得意とするゲリラ戦の戦い方そのものであった。とくに大軍の敵兵に対し、意表を突く戦い方に特徴があった。

　楠木正成は、河内国の生まれであった。南河内郡千早赤坂村には正成の生誕地があり、その近くには産湯の井戸もある。その他にも金剛山の西麓付近には、正成ゆかりの史跡が点在し、この付近が正成の拠点であったことがわかる。

　赤坂城（下赤坂城）跡は、周囲に『太平記』にも描かれた棚田が残っており、「日本の棚田100選」の一つとして、美

図5. 赤坂城阯（大阪府南河内郡）

しい風景でも有名な場所になっている。

　上赤坂城は、三方を谷に囲まれた山の中にあり、山頂から
は大阪平野を一望できる。また千早城跡は、金剛山の中腹に
あり、険しい道のりを登らなければ到達できない場所にあ
る。鎌倉幕府軍がこれらの城で苦しめられたことは、想像に
難くない。

　また近くの歓心寺（河内長野市）には、正成の幼少期の学
問所であったという話が伝えられている。出雲散家は出世す
るために、寺で修行することはよくあることだった。

　またこの寺は役小角（口絵9.）が開いたとされ、修験者
とのつながりも深かった。そのため正成はここで、修験者の
兵法も学んだものと考えられる。

この寺は南朝ゆかりの寺としても知られ、成人した正成との付き合いも深く、境内には正成の首塚や、正成が建立しようとし湊川合戦のため中断した塔（建掛塔）がある。

　ところで正成は、河内国の散所を統治したと言われている。散所とは、労務を提供する代わりに年貢を免除された人々の居住地で、散在する荘園や交通の要衝地などの土地に、船頭・馬借などの交通・運搬業者や、清掃・土木工事を行う者、狩猟・漁労者、商人、遊芸人などが集まって形成され、その長は悪党と呼ばれる最下級の新興武士であった。
　前述したように、悪党には出雲散家の出身者が多かった。そのため、散所にも出雲散家が多く集まっていた。散所の「散」は、出雲散家の「散」の意味も込められていたかもしれない。

　東大寺関係の古文書によれば、永仁3（1295）年頃に、東大寺領の播磨大部荘へ乱入し、年貢を持ち去った悪党の中に、河内楠入道の名がある。楠入道とは、正成の父の正遠のことであると考えられている。
　『臨川寺文書』には、正成が「悪党楠兵衛尉」と呼ばれ、元弘元（1331）年に臨川寺領の和泉若松荘へ乱入し、年貢三百石を奪い取って行ったことが記録されている。これは時期から考えると、後醍醐天皇に味方し、籠城するための兵糧集

めだったものと考えられている。

　楠木正成は、近隣国の悪党（出雲忍者）とも連携していた。

図6．楠木正成（伊賀国〔三重県〕）

　『上嶋家文書』によると、伊賀国浅宇田荘の土豪・上嶋元成は、楠木正遠の娘（正成の姉か妹）を妻に娶っていた。彼ら夫婦の三男が、能で有名な観阿弥に当たる。（第3章参照）

　上嶋元成は、のちに北伊賀の悪党・服部家を継ぎ、服部治郎左衛門元就と名乗る。つまり正成は、伊賀忍者の服部氏と縁者であったことになる。伊賀忍者は、もとは出雲忍者から出た者たちであった。

　正成と忍者のつながりは、忍術書に多くの記載がされてい

る。忍術書の一つの『萬川集海』には、楠木正成には伊賀
忍者48人が仕えており、京の都の状況を探らせ、報告させ
ていたと書かれている。山伏との関係が深い伊賀忍者は、陰
ながら楠木軍の進出鬼没の活躍を助けたことだろう。

　楠木正成を始祖とする、楠流忍術があったとも言われる。

　また『萬川集海』には、正成は軍法の極意と忍術を六つに
分けて、一巻の書に書き上げ、深く秘したとも書かれてい
る。

　正成が赤坂城を抜け出して、行方をくらましたり、赤坂城
を奪還する時に使った謀略は、忍術の一種であったと考えら
れる。

　千早城は、役行者が修行した金剛山の麓に位置しており、
修験者の出雲散家（出雲忍者）もその付近の地理を隅々まで
知り抜いていた。同じ出雲散家の正成が、千早城を選んで籠
城し、勝利を得ることができたのは、そのことも理由の一つ
であると考えられる。

　また、『楠木合戦注文』や『熊谷家文書』に楠木正成軍が
石礫を使ったことが書かれており、正成が通常の武士の戦
い方をしていなかったことを示している。
　『峯相記』にも、悪党が礫や撮棒を武器として使ったこと
が記録されている。また、彼らは山伏と同じように柿帷子を
着ていたとも書かれており、山伏と悪党の関係を示唆してい

図7. 楠木正成

る。

　ところで楠木正成は、後醍醐天皇のために幕府軍と戦った
が、彼を裏で動かしていたのは、旧東出雲王家の富家であっ
た。

　旧東出雲王家・富家は、3世紀の第2次物部東征で出雲王
国が滅亡したあと、神魂神社を物部氏（秋上家）に明け渡
し、熊野大社（松江市八雲町）の社家になった。

　富家は、各地の神社の管理で多忙であったため、熊野大社
の社家の仕事を弟に譲った。その家が、のちに熊野家となっ
た。熊野家も富家と同様に 財筋の一員であった。

　後醍醐天皇が隠岐から脱出する前に、熊野家宛の綸旨が届

49

けられた。その内容は、「隠岐脱出の際、氏子と旧王家の家臣を集めて、天皇をお迎えし守護せよ」と書かれていたという。（斎木雲州著『出雲と蘇我王国』参照）

　この話からもわかるように、出雲の旧家の伝承によると、当時の旧東出雲王家・富家や親族は、南朝の後醍醐天皇を支援していたという。後醍醐天皇へ支援したのは、おそらく当初は鎌倉幕府の打倒を目的とし、それが達成した後は足利氏などの北朝勢力に対抗しようとしたものだろう。

　歴史上、富家は中央の政治状況の情報を集め、権力が中央に集中し民衆にとって悪影響の方が大きいと判断されるような場合には、裏でその反対勢力に力を貸すような動きをしていたという。結果として、富家の支援先は体制の対抗勢力になることが多かった。

　そして富家へ情報をもたらしたり、体制の対抗勢力への支援に活躍したのが、その下部組織の出雲散家であった。

　出雲の旧家の伝承によれば、楠木正成は出雲散家の出身者であり、富家から後醍醐天皇を支援するよう指示を受けていたという。そして、かれは本拠地の河内国（大阪府）から出雲までの道のりを、連絡を目的として時々往復していたと伝えられている。

　出雲散家は、夜に棒を前に出しながら、山道を走り回る訓練を受けていた。楠木正成もその走法を駆使して、おそらく敵の目につかない夜間を選び、出雲散家しか知らないような

山道を通って移動したものと考えられる。河内国と出雲国との間の距離は駆け足で移動する場合、現代人にとっては長時間を要するように感じられるが、出雲散家にとっては短時間で駆け抜けることができたのだろう。

３．湊川合戦での奮戦

　元弘４（1334）年、後醍醐天皇が建武の親政を始めると、朝廷では貴族の権威が増した。しかし、武士へ与えられた恩賞は少なく、武士の不満が高まった。

　足利尊氏は、武士たちの不満をうまくまとめ、朝廷に離反した。楠木正成は、京に攻め上がった足利軍を、得意のゲリラ戦法で敗走させた。しかし、尊氏は九州で勢力を回復し、大軍で京都へ攻め上ろうとした。

　正成は、尊氏軍を京都で挟み撃ちにする作戦を後醍醐天皇に奏上した。しかし、体面を重んじる公家は、天皇の動座が必要なその作戦を却下した。そして天皇は正成に、兵庫で新田軍と合流して足利軍を討つように命じた。

　正成は「もはや異議は申しません。結局は、討死にせよとのご命令でありましょう」と言って、小勢で兵庫に向った。

　このとき、正成ほどの知略を持つ人物であれば、勝算の無い戦いを挑むのを止め、天皇に叛いて足利軍に合流することもできた筈であった。

しかし正成は、後醍醐天皇に対し忠誠を貫こうとしていた。それは身分の低い自分を、取り立ててくれた恩義に報いるためであった。また富家や多くの出雲散家が、後醍醐天皇を支援していたことも大きな理由の一つであった。

　正成は、自らが華々しく討ち死にすることで、生き残った味方が奮い立ち、再び南朝側を盛り立ててくれるだろうと期待した。それは、正成が立てた最後の作戦であった。

　この命がけの作戦は、一見すると正成らしくないようにも見えてしまう。しかし、千早城の戦いでもそうだったように、自らの活躍によって味方を動かすことが目的であったという意味では、彼の中で一貫した行動であったのかもしれない。

　正成は途中の桜井の宿（大阪府三島郡島本町）で、息子・正行に向い「一族が１人でも生き残っている間は金剛山に立てこもり、敵と命の限り戦い名誉を残しなさい」と遺言を伝え、河内国へ帰した。その様子を見た武士たちは、皆感涙を流した。

　この話は、『太平記』の名場面「桜井の別れ」（口絵３.）として、長く語り継がれるようになった。

　後世につくられた唱歌「大楠公の歌」には、有名な歌詞がある。

　　青葉茂れる桜井の　里のわたりの夕まぐれ

木の下陰に駒とめて　世の行く末をつくづくと
忍ぶ 鎧 の袖の上に　散るは涙かはた露か

　兵庫に到着した正成は、弟・正季とともに小勢を引き連れ、足利側の大軍勢の中に攻め込んだ。足利尊氏の弟・直義はこれを包囲して討ち取ろうとしたが、逆に蹴散らされて、危うく討たれそうになった。両軍の激闘は、長時間に及んだ。

　しかし正成勢は、多勢に無勢で次第に討たれていき、わずか70余騎となった。正成たちは精根尽き果てて、民家の中に立て籠り、自刃した。その地は、湊川神社（神戸市）の奥の禁足地であると言われている。

　楠木正成の覚悟の最期の振舞いについては、足利側の立場で書かれた史書『梅松論』ですら、「賢才武略の勇士とは、正成のような者のことを言うのだと、敵も味方も惜しまぬ人はいなかった」と称賛の言葉を贈っている。

　正成の死後、嫡子・正行は父の遺言を守って南朝側につき、摂津、河内、和泉の各地で激戦を繰り広げたが、四 條 畷 の戦いで室町幕府軍に敗れ、自害した。

　その弟・正儀も、長期に渡って南朝側で戦ったが、南朝側の劣勢を盛り返すことができず、一時幕府側に降参し、最後

には幕府側に敗れた。

　しかし、正成の湊川合戦での奮戦こそが、長期にわたる南朝側の活力の源になっていたと言うことができる。

　正成は自刃の地・湊川神社で神として祀られ、天皇家の忠臣として称えられている。

第三章　能の観阿弥・世阿弥

1．一遍上人と踊り念仏

　鎌倉時代に一遍上人という僧がいた。上人は「南無阿弥陀佛」と書かれたお札を人々に配ってまわって、阿弥陀信仰を広げようとした。このお札を配る独特な行為は、賦算と呼ばれている。

　ある時上人は一人の僧（実は熊野権現の化身）から、信心の心がないことを理由にお札の受け取りを拒否されたが、周囲の人々の目を気にして、お札を強引に渡してしまった。しかし上人は、その行動が正しかったのか、悩むようになった。

　上人は熊野本宮の証誠殿に参籠し、神託を仰ぐことにした。神に祈りを捧げていると、突然お堂の扉が開き、長頭巾に袈裟を着た白髪の山伏が現れた。

　その山伏は、熊野権現の化身であった。上人は合掌しながらひざまずき、山伏の言葉を待った。

　山伏は言った。

　「念仏を勧める聖よ、あなたが勧めたことで、はじめて人々が往生するのではない。念仏をするだけで極楽往生できるのは、遠い昔に阿弥陀如来が正しい悟りを得たときに、もう決まっていることなのだ。相手に信心があろうがなかろうが、浄らかであろうがなかろうが、人を選ぶことなくただお札を配って念仏を勧めなさい」と。

この神託を受け、上人は阿弥陀信仰の真意を悟り、確信を持って布教活動に専念するようになった。

　この文永11（1274）年夏の出来事が、時宗（じしゅう）のはじまりであった。その頃の日本は、蒙古襲来の脅威にさらされており、その年の秋には元寇1度目の文永の役が起きることになる。まさに、国家存亡の危機を迎えようとしていた時代であった。

　当時、その宗教を指す呼び方は無く、臨時的に集まって六時（一日を六分した時間）を交替しながら、昼夜不断で念仏を唱える集団のことを「時衆（じしゅう）」と呼んだ。その名は、「六時念仏衆」の略称と言われる。一遍上人（口絵6.）やその弟子たちも、時衆の一員であった。のちに江戸時代に、一遍を祖とする時衆の宗教のことを、「時宗（じしゅう）」と呼ぶようになった。

　一遍上人は、相模国（神奈川県）を訪れたときに、善光寺（長野市）を建てた本田善光の子孫に出逢った。その子孫は上人の弟子になり、家に当麻寺（当麻山無量光寺）を建てた。もともとは、この寺が時宗の本山であった。その子孫・本田家は、今もその寺の近くに住んでいる。

　その後、上人は別の弟子たちに誘われて鎌倉へ行ったが、鎌倉へは入れず、藤沢市片瀬で布教活動をおこなった。そこは大きな町であったので、信者の数が増えた。それでその近

くには、のちに遊行寺（清浄光寺）が建てられ、今はそこが
時宗の総本山となっている。

　しかし一遍上人自身は、山野を放浪しながらどのような場
所でも布教していたので、自分の宗教のための寺院は必要な
いと考えていたようである。彼は念仏を広めるのに不要なも
のは一切持たなかったので、「捨聖（すてひじり）」とも呼ばれた。

　片瀬で布教をしていた時には、「紫雲（しうん）たちて花ふりはじめ
けり」という不思議な現象が起きたが、上人は「花のことは
花に問へ、紫雲のことは紫雲に問へ、一遍知らず」と言った
という。つまり上人には、周囲の期待をよそに、自分自身を
神格化して宣伝したり、自分の教団をつくろうとする意志は
全くなかった。

　一遍上人は、平安時代の僧・教信を尊敬していたと言われ
る。教信は興福寺の学僧であったが、貴族向けの仏教のあり
方に疑問をいだき、播磨の賀古（加古川市）に隠れ住んだ。
彼は念仏を唱えながら仏の教えを説き、旅人の荷物を運んだ
り、農民のために灌漑池を掘ったりして、大勢の人々を助け
た。また彼の遺骸は、本人の希望により鳥獣に与えられたと
いう。

　一遍上人は病を得ると、教信が祀られる教信寺（加古川
市）で最期を迎えようと、その地を目指した。ところが、そ
の途中で兵庫（神戸市兵庫区）の人々に請われ、そちらへ赴
くことになった。

そしてそこの観音堂（現・真光寺）で、弟子や信者たちに見守られながら、51歳で亡くなった。遺言は、教信と同じように「葬式をせず遺骸を野に捨てるように」というものだった。この話からも、上人の無欲さを貫こうとする強い信念が感じられる。

　現在真光寺には、一遍上人の立派な五輪塔の墓がある。上人の遺骸は、在家の人たちによって荼毘に臥され、その墓が建てられたという。後に弟子たちによって、その地に真光寺が建てられた。

　1995年の阪神大震災ではその五輪塔が倒壊し、水輪（球形部）の中から骨壺と骨灰があらわれた。骨壺は水差しを流用したもので、蓋は無かった。調査の結果、それは一遍上人にふさわしいということになった。現在は新しい骨壺をつくって、ふたたび遺骨をもとの場所に納めているという。

　一遍上人は、布教する相手の身分は問わず、誰にでも平等に教えを説いてまわった。それは、「名号は信ずるも信ぜざるも、唱ふれば他力不思議の力にて往生す」というもので、ひたすら「南無阿弥陀仏」を唱えれば、かならず極楽往生できるという教えであった。

　とくに生活苦にあえぐ卑賤の民は、このような上人の無欲さや人々に平等に接する姿勢に感銘を受け、つぎつぎと上人の教えを信じるようになった。その人々の中には、漂泊の

民・出雲散家も多く含まれていた。

　時宗の信者は自ら阿弥号を名乗り、阿弥衆と呼ばれるようになった。それで出雲散家の信者にも、阿弥号を名乗る者が出てきた。たとえば「某阿弥」という名の場合、それは略称であり、「某阿弥陀仏」が本来の名であった。

　一遍上人は信濃国（長野県）佐久に赴いたときに、空也の念仏踊りにならって、踊り念仏をはじめた。次第にそれが評判を呼ぶようになり、行く先々でおこなわれるようになった。そして、上人の布教の特徴の一つになった。『一遍聖絵（一遍上人絵伝）』には、多くの人々が踊り念仏に参加している様子が描かれている。この踊り念仏は、現在の盆踊りの起源であると言われている。

　時宗の信者の中には田楽をおこなう法師もいて、その踊りの所作が踊り念仏にも取り入れられたと言われる。

　田楽は、猿楽を真似して行われるようになった。猿楽が中央の神社や寺院などで興行されていたのに対し、地方の神社の祭りで行われたのが田舎猿楽で、それを略して田楽と呼ばれるようになった。その猿楽や田楽の演者の中にも出雲散家がおり、時宗の信者になっている者が多かった。

　室町時代に猿楽の演者の中から登場したのが、有名な観阿弥と世阿弥の親子であった。

２．出雲散家の観阿弥・世阿弥

　能楽は、今から約600年前に観阿弥・世阿弥父子の類まれなる才能によって大成された、現存する世界最古の演劇と言われている。この能楽の完成は、シェークスピアの演劇より約200年も先んじているという点でも、世界に誇る偉業であったと言うことができる。

　この芸能は、江戸時代に武家の基礎教養として大切に保護され、主要な演目や台本、演出方法、装束道具類もほとんど草創当時のままに今日に伝えられており、非常に貴重な文化財である。

　2001年にはユネスコによって「人類の口承及び無形遺産の傑作」として宣言され、世界無形文化遺産に指定されている。

　このすばらしい芸能を大成した観阿弥・世阿弥父子は、出雲散家の出身者であった、と出雲の旧家で伝承されている。

　能と狂言の総称の「能楽」は、明治時代以前は「猿楽」と呼ばれていた。能と狂言は同じ猿楽から分かれ、密接な関係を持ちながら互いに発展していった。その結果、能と狂言は同じ舞台で交互に上演されるようになった。

　猿楽は、奈良時代に中国から伝来した散楽（曲芸や奇術などの雑多な芸能）がもとになっていると言われている。

　平安時代末期頃の猿楽は、物まねやこっけいな寸劇など、現在の狂言の原型となるようなものであった。

　鎌倉時代に、天下泰平・五穀豊穣を祈る儀式の「翁猿楽」と、能のもとになる劇の要素を持った「歌舞」が加わり、現在の能楽のもとになる要素がそろっていった。

　はじめ猿楽は、神社の神楽のあとの余興であった。そのうちにこれを職業とする者が現れ、各地の神社や寺の祭に集まった見物人に対して、芸を演じて報謝をもらって生活するようになった。とくに近畿地方には大きな神社や寺が多かったので、猿楽もこの地方を中心に発達し、やがて職業集団の「座」ができていった。

　当時、猿楽は近江と大和のものが有名であった。近江猿楽は比叡山に保護され、日吉神社の神事猿楽をおこなっていた。一方、大和猿楽は円満井、坂戸、外山、結崎の四座に分かれ、のちにそれぞれ金春、金剛、宝生、観世座となった。これらは興福寺に保護され、春日神社の神事猿楽をつとめていた。かれらは一か所に定住せず、諸国を巡り歩いて、各地の神社の祭礼で猿楽を興行していた。

　観阿弥は、その中の観世（結崎）座の頭領であった。

　『申楽談儀』によれば、観阿弥の曾祖父は伊賀国服部郷の出身の「杉の木」という人であった。その子が山田猿楽・出合座の美濃太夫という人の養子となり、生まれた３人の末が

観阿弥であったという。

　また、観阿弥が初めて観世座を建てた場所は伊賀国小波田^(おばた)（名張市）であり、そこには「観阿弥創座之地」の石碑が建っている。名張はもとは「隠（なばり）」であり、隠れ里であるとともに、伊賀忍者ゆかりの地でもあった。

　『上嶋家文書』には、観阿弥の出身地は伊賀国浅宇田（伊賀市守田町）であったと書かれている。

　このように観阿弥は、忍者の多い伊賀国の出身者であった。第五章で述べるように、伊賀忍者は出雲散家の流れをくんでいた。

　さらに『上嶋家文書』には、観阿弥は伊賀杉之内の服部家の三男で、彼の母は楠木正成の姉（あるいは妹）であると書かれていた。この観阿弥が服部家の縁者であったという内容は、『申楽談儀』の記事とも似ており、信憑性が高いと考えられる。服部家は伊賀忍者で有名な家であり、その関係で観阿弥が出雲散家とつながっていたと考えることもできる。

　一方、観阿弥が楠木正成の縁者であったことの真偽については、現在でも賛否両論があり、決着がついていない。

　ところが出雲の旧家の伝承によれば、楠木正成と観阿弥はともに出雲散家出身であったので、この文書の内容は正しい可能性が高いと考えられる。

　仮にこの文書に誤説が含まれていたとしても、同じ出雲散家どうしの楠木正成と観阿弥が近い関係であったことは、間

違いないだろうと思われる。

　また観阿弥・世阿弥には、それ以外にも出雲散家らしい特徴があった。

　たとえば世阿弥は、父・観阿弥の遺訓をまとめた『風姿花伝』の中で、「秘すれば花なり、秘せずは花なるべからず」という有名な言葉を書いている。

　それは、観客に感動を与える「花」の根源は、秘密にすることであり、そうすることで人の心に思いもよらぬ感動を起こさせることができる、という意味である。

　この言葉は、出雲散家（忍者）や楠木正成が用いた兵法そのものと言うことができる。つまり、相手の意表を突いたり奇襲したりする戦法が、大きな効果を生むということを示している。

　出雲散家出身の観阿弥と世阿弥は、猿楽と兵法の極意が同じであることを、知り抜いていたのである。

　それ以外にも、猿楽と出雲散家とのつながりが深かったことを示す例は少なからずある。

　たとえば「三輪」という演目は、三輪明神を主題としており、最後に「思えば伊勢と三輪の神、一体分身の御事、今更何と磐座や（伊勢と三輪の神が同じ神であることは、今さら言うまでもないことだ）」と語られる場面がある。これは三

輪山（奈良県桜井市）に祀られていた出雲族の太陽の女神が、3世紀の第2次物部東征の圧力によって伊勢に遷座した経緯について語ったもので、出雲族にとっては忘れることのできない史実であった。そのため、この演目を作った人は不明と言われているが、出雲散家出身者かそれに近い人が作ったものと考えられる。（世阿弥作との説もある。）

また大和猿楽四座の各流派は、養子縁組により血縁関係を深め互いに結束していたので、観阿弥のような伊賀の出雲散家出身者とも同族化していた。その結束力を活用し、出雲散家の一員として協力し、時には諜報活動をすることもあったのだろうと推定される。

たとえば、天正9（1581）年、伊賀の出雲散家（忍者）が織田信長の攻撃を受けた際に（天正伊賀の乱）、奈良の大倉五郎次という猿楽太夫が伊賀側の柏原城に現れ、両軍の和睦の仲介をとっている。

また、同じく伊賀の忍びの服部正尚は、天正10（1582）年のいわゆる神君伊賀越えで、家康を蓑や笠で変装させ無事帰国させた。そしてその時の働きを賞されて、「蓑笠之助」の名を授かった。その蓑家がのちに猿楽師の家になったことからも、猿楽と出雲散家のつながりがうかがえる。

また、猿楽の体の使い方は、出雲散家や山伏の兵法が基になっている可能性がある。

　たとえば猿楽の足の運びは、踵^{かかと}を上げず摺^すり足で行う所に特徴がある。その歩行法は、柳生家に伝えられた新陰流（「柳生新陰流」は誤称）の剣術とも共通点がある。

　余談であるが柳生家は、猿楽の金春流の家元との関係も深かった。

　戦国時代末期に金春七郎氏勝は、柳生宗厳（石舟斎^{せきしゅうさい}）の弟子となり、新陰流の印可を受けた。宗厳は、逆に金春家から猿楽の手ほどきを受けていた。

　江戸時代の尾張藩士・近松茂矩^{ちかまつしげのり}が書いた『昔咄^{むかしばなし}』によれば、宗厳の懇望^{こんもう}により金春家の大事の秘伝「一足一言（一足^{いっそく}一見^{いっけん}）」と、柳生家の一大事「西郷水^{せいごうすい}（西江水）」を両家で交換し合い、互いに弟子となったという。これらの秘伝は現代にもしっかり継承されており、しかるべき師範のもとで学ぶことも可能である。いずれも体の使い方に関する具体的な教えであり、些細なことだが知っているかどうかで動きに大きな差が出る。

　このことも猿楽と兵法には共通点が多いことを示しており、猿楽が出雲散家や山伏の兵法をもとに作られたことを、暗示しているものと考えられる。

３．観阿弥・世阿弥による能の大成

　応安７（1374）年５月、京の新熊野神社^{いまくまの}（京都市東山区）

図8．今熊野猿楽図（京都市東山区）

の境内で、大和猿楽の一派である結崎座（のちの観世座）の
興業がおこなわれた。そのとき一座を率いていたのは、観阿
弥（当時は結崎三郎清次）であった。観阿弥は、伊賀国小波
田から大和国結崎（奈良県磯城郡）に移って、結崎座を組織
していた。その地には天から翁の面とネギが降ってきて、そ
の面を埋めたとの伝承があり、「面塚」と「観世発祥之地」
の石碑が建っている。

　遊芸人としての生活を送っていた観阿弥は、少し前に醍醐
寺（天満宮・口絵４．京都市伏見区）で、７日間の猿楽興業
をおこなっていた。彼の猿楽は、ほかのものとは少し変わっ
ていた。それまでの猿楽は、優雅な旋律とリズムを持つ「小
歌ぶし」であったが、彼はそれに軽快なテンポの白拍子系の

音曲を加味していた。観衆はその変化に新鮮さを感じたようで、京の町で評判となり、人気が出るようになった。

　その噂を同朋衆の南阿弥が聞きつけて、室町３代将軍・足利義満の耳に入れた。同朋衆とは、将軍家に仕える一芸に秀でた者のことで、時宗の信者であることが多かった。

　義満は南阿弥の勧めにより、清次の新熊野の興業を見物しに行くことにした。この時義満は、18歳の若き将軍であった。

　観阿弥は、新熊野では一番目の「翁」を演じた。「翁」は、一座の長老が舞う慣習があったが、将軍が見物するというので、一座の統率者が演じるという特別な配慮がなされた。

　初めて観阿弥の舞を目にした義満は、その見事さに目を奪われてしまった。その感動も覚めやらぬ間に、義満は鬼夜叉という少年の舞の美しさにも、すっかり魅了されてしまった。その子は12歳になる観阿弥の長男で、のちの世阿弥元清であった。

　そのときから、義満は結崎座をひいきにするようになり、とくに世阿弥を寵愛するようになった。貴族たちもその真似をするようになり、その１人の二条良基は、世阿弥に「藤若」という美しい幼名を与えてかわいがった。

　世阿弥は、将軍や貴族との交流を通じて、一流の教養を身につけるようになった。

　これが、観阿弥・世阿弥父子が有名になるきっかけの出来

事であった。

　ところで、観阿弥・世阿弥父子が南朝側の楠木氏の関係者であったことは、義満には隠されたと『上嶋家文書』に書かれている。

　ただ当時は南北朝時代は終焉に向かっており、北朝側の足利幕府の権力は安定する一方で、南朝側は衰退に向かっていた。少し前の1369年には、楠木正儀（正成の子）が、すでに北朝側に寝返っていた（その後、また南朝側に帰参する）。

　そのことに加え、おそらく義満は、猿楽者の中に出雲散家のように南朝側に味方した者が多くいたことは承知していて、それでも彼らを厚遇したものと推定される。

　結崎座は、新熊野での興業の後しばらくして、観世座と名を変えた。観阿弥は、義満から上京の地に屋敷を拝領し、そこに住むようになった。現在その地には観世稲荷社（京都市上京区）が鎮座し、その境内には「観世水」という井戸も残っている。

　新熊野神社の興業以来、大和猿楽では、一座の統率者が「翁」を演じる慣習ができた。

　「翁」は、出雲族のサイノカミ信仰がもとになっていた。出雲族や多くの日本人にとって、サイノカミ（幸の神）は祖先神であり、縁結びや子孫繁栄の神でもあった。

　だから、能の翁の面（口絵1.）はクナトノ大神を表して

いる。翁面は魂が宿る依り代と考えられ、能役者は面をか
けると神になると言われる。翁面をかけるシテには、神に仕
える者として厳しい潔斎が求められる。翁面は、にこやかな
微笑みを浮かべる老神の顔を表し、能を見に集まった人々を
祝福し、幸福を与える力があると考えられた。

　そのため「翁」の題目は、能の中で最も古く神聖な曲とさ
れ、「能にして能にあらず」とも言われて特別扱いされてい
る。たとえば、「翁」には物語がなかったり、能役者は直面
（面をかけない素顔）で登場し、舞台の上で客の見ている前
で面を箱から取り出してかける、というような他の曲にない
ような特徴がある。また、すべての能が演じられる前の一番
最初に演じられたり、おめでたい出来事があった時に特別に
演じられたりした。

　この「翁」の題目では、婿の種水が十分出るのを祝い、
「とうとうたらりたらりら、たらりあがりりららりとう（垂れ
たり、噴き上がったり）」という翁の声が聞こえてくる所か
ら始まる。その後、男の象徴の「鶴」と女の象徴の「亀」
や、射精の象徴の「滝の水」などが詠われる。昔は、滝壺は
女神と考えられていた。

　つまりこの題目は、若い男女が結ばれることを祝い、末長
く夫婦愛が続くことを祈っている。またサイノカミは、縁結
びの神であるとともに、作物に実を結ばせる力があると信じ
られた。

サイノカミは、母系家族制と関係が深い。日本では、縄文時代から江戸中期まで母系家族制が続いていた。その制度では、人は生まれてから死ぬまで、母の家で暮らした。母と娘は母屋に住み、息子は物心がつくと男のみの別棟に移された。娘が年頃になると、母は若い男を婿に迎えた。それは妻問い婚で、婿は夜のみ娘の所に通った。

　室町時代、民衆の多くは母系家族制だったので、婿を選ぶ権利は母親である刀自（女主人）が持っていた。

　刀自は婿が年をとって呼合いが少なくなると、離縁し若い婿を迎えるのが普通であった。

　そのため、人々が結婚する時に、末長く夫婦円満が続くようにサイノカミに祈った。一生離婚しない夫婦は珍しく、お目出たいとされた。

　それで、その時代に書かれた「高砂」の題目でも、翁と姥の話がつくられた。そして、その2人が理想の夫婦の姿とされ、サイノカミの夫婦神の姿と重ねられた。翁はクナトノ大神であり、姥は幸姫命を表している。

　義満に庇護されるようになった観阿弥・世阿弥父子であったが、出雲散家という低い身分の出身者であったため、他の者たちからの嫉妬を受けることもあった。

　ある時、義満は祇園会（祇園祭）の桟敷に世阿弥を同席させ、自分の飲んだ盃を与えるという出来事があった。その時

のことを前内大臣・三条公忠は、「義満が寵愛しているのは乞食所行をする散楽師（猿楽師）の子供である」と日記に書いて批判している。当時の能は、まだ芸術として認められていなかった。

このような妬みが、のちに世阿弥に災難となって降りかかることになる。

観世座が発展したのは、世阿弥が義満の寵愛を受けたことが大きな理由の一つであったが、観阿弥の技芸が確かなものであったこともその理由の一つであった。観阿弥は大柄な体格の持ち主であったが、女性の役を演じると細々と見え、40代の彼が少年の役を演じると、12〜13歳か16〜17歳に見えたという。

1384年に観阿弥が急逝した後は、世阿弥は観世座の2代目を継ぎ、さらに芸を磨いていった。しかし、義満が最も高く評価したのは、近江猿楽の犬王（道阿弥）であった。

それまでの観世座の猿楽は、写実的な物真似芸を中心としたものであったが、犬王の猿楽は、心の内面を表現する情緒的な幽玄能であった。また犬王は、天女の舞も得意とした。

世阿弥はこのライバルの才能を素直に認め、自分の芸にも取り入れた。その後、世阿弥の猿楽は幽玄能に変化していった。

その結果彼の猿楽は、深い精神性をたたえた幽玄美を表現

する「夢幻能」に発展し、今日に至るまで人々に愛される芸術に昇華した。

　それは前後二場で構成され、まず前場で旅僧（ワキ、シテの相手役）がある土地を訪れると、その場所ゆかりの神や鬼、精霊、怨霊などの化身（シテ、主役）が現れ、自分の身分をほのめかしながら昔話をして消え失せる。そして後場では、旅僧の前に先刻の化身が本来の姿で現れ、昔を思い出しながら舞うという形式のもので、過去と現在、現世と来世を行き来することで、現実か夢うつつかわからないような幻想的な世界を表現するものであった。

　また猿楽に神や霊などの化身が多く登場するのは、出雲散家どうしのつながりで、猿楽師が霊能力を持った修験者と多くの交流を持ったことも影響したものと考えられる。

　応永15（1408）年3月、後小松天皇が義満の別邸・北山殿（京都市、現・金閣寺）に行幸になった際に、隣接する崇賢門院の御所で、天皇のために2日間にわたって猿楽の演能がおこなわれた。この際には、初日は大和の世阿弥が、2日目は近江の犬王道阿弥が勤めた。

　この天覧能は、「乞食所行」と呼ばれていた猿楽が栄光の頂点に達した瞬間であり、歴史的に重要な意義を持つ出来事であった。また世阿弥が、人生で最も幸福を感じた時間でもあったと思われる。

　ところが、その幸福は権力者の保護が前提で享受できるということを、世阿弥はまもなく嫌というほど思い知ることになる。

　足利義満とその次男・義嗣（よしつぐ）は、芸の鑑賞の技量に優れており、また世阿弥の良き理解者であった。容姿にすぐれ才気もある義嗣は義満に溺愛されたため、前述の北山殿の行幸の前後に異例の昇進をし、4月には内裏清涼殿で公家の加冠による異例の元服もした。そのため、世間では義嗣が義満の後継者になるのではないかと考える人も多かった。

　しかし、この直後の5月に義満が病で急逝すると状況は一変した。すでに4代将軍になっていた長男の義持は、義満や義嗣と仲が悪かった。そのため義持はすぐに義嗣を自殺に追い込むと、猿楽能よりも田楽能を好むようになり、世阿弥を冷遇した。世阿弥は、義満と義嗣という保護者を一気に失い、急激に表舞台から引きずり下ろされることになった。

　正長元（1428）年には義持が死去し（5代将軍・義量（よしかず）はすでに早世）、その弟の義教（よしのり）が6代将軍に就任した。義教は、武力をもって独裁的な恐怖政治をおこなったことで知られている。しかも短気で猜疑心が強く、一度恨みを持つと根に持つタイプであった。そのやっかいな性格は、世阿弥にとって悪い方向に作用した。

　義教は、義持と同じく義嗣と仲が悪かったので、世阿弥に

対しあからさまな迫害を加えるようになり、世阿弥を遠ざけ、その甥・音阿弥を優遇するようになった。音阿弥は名手ではあったが、世阿弥とは芸風が異なっていたこともあってか、世阿弥からは後継者と見られていなかったようである。その音阿弥をわざわざ引き立てた所に、義教の意地悪さが感じられる。

　世阿弥には、別に後継者として期待していた息子・元雅がいた。元雅は若年ながら、世阿弥から「子ながらも類なき達人」、「祖父にも越えたる堪能」と期待され、道の秘伝・奥義をことごとく記し伝へられるほど信頼されていた。

　ところが元雅は、その才能を十分に発揮する機会を得られないまま、伊勢国安濃津で流浪中に急逝した。『上嶋家文書』には、彼は足利の家来に暗殺されたと書かれている。

　後継者を失うという不運に見舞われた世阿弥は、義教からさらに無理難題を押しつけられるようになり、71歳の時にはついに佐渡島に流されてしまった。

　嘉吉元（1441）年に義教が暗殺されると、世阿弥は配流を解かれた。その後世阿弥は静かな余生を送り、81歳で亡くなった。

　世阿弥はその後も名前だけは知られていたが、その実態については長い間忘れられた存在になっていた。彼が現代のように再評価されるようになったのは、実に明治以降に彼の伝書が発見されてからのことであった。

　このように義満死去後の世阿弥の人生は、坂道を転げ落ちるような凋落ぶりであった。おそらく世阿弥自身も、突然訪れた逆境に対し、絶望を感じたこともあっただろう。

　しかし世阿弥は、そんな境遇の中でも、猿楽の脚本や芸術論の執筆に注力していった。

　彼が残した「命には終わりあり、能には果てあるべからず」という言葉には、彼の後半の人生の目標が凝縮しているように感じられる。彼は、自ら精魂こめて磨き上げた芸術を永遠に残し、さらに向上させ続けるために命をかけた。そのことにより、逆境に打ち勝とうとしたように見える。

　それは、湊川合戦で南朝のために名を残そうと命をかけた楠木正成の戦略とも、相通ずるものがあるように思われる。

　世阿弥のそのような試みが、成功したか否かはもはや言うまでもない。

　猿楽は、観阿弥と世阿弥父子によって、「乞食所行」から「夢幻能」という芸術にまで高められた。彼らが追い求めた花であるその芸術は、これからも散ることなく永遠に咲き続けることであろう。

　この功績を残したのが出雲散家であったという史実については、国内のみならず世界からも高く評価されることが望まれる。

第四章　出雲散家出身の戦国大名

1. 戦国時代の出雲散家

　戦国時代は下剋上の世と言われるが、出雲散家の出身者の中には、仲間の組織を上手に使って大名に成り上がった者がいた。

　逆に言えばその時代は、特殊な能力を持つ出雲散家が、身分の壁を超えて実力を発揮しやすい環境であったと言うことができる。

図9. 道三塚（岐阜市崇福寺）

　出雲の旧家では、有名な大名として北条早雲や斎藤道三、豊臣秀吉が、出雲散家の出身者であったと伝えられている。

　彼らは、権力を握った後、徹底的に出自を隠すよう文書の

廃棄や書き変えをおこなった。そのため、残された文字史料から彼らの真の素性を探ることは難しい。いずれもはっきりとした素性がわからず、諸説がある点が共通している。

　しかし、彼らの行動の特徴には、"出雲散家らしさ"が見え隠れしている。以下では、それぞれの特徴について詳しく見ていきたい。

２．北条早雲の小田原奪取

　文亀元（1501）年、相模国（神奈川県）小田原城の若き城主・大森藤頼のもとに使者がやってきた。送り主は、伊豆・韮山城（伊豆の国市・口絵8.）の伊勢宗瑞（北条早雲）であった。

　藤頼は7年前に父・氏頼が亡くなった後、家督を継いでいた。父の氏頼は用心深かったので宗瑞のことを信用せず、それほど親密な関係にはなっていなかった。しかし子の藤頼は、宗瑞からのたび重なる働きかけにより次第に親交を深めるようになった。やがて両者は軍事的な同盟関係を結び、時々顔を合わせるほどの親しい仲となった。

　使者は、宗瑞の言葉を藤頼に伝えた。

　「伊豆で鹿狩りをしていたら、山の鹿どもは箱根へ逃げ込んでしまいました。できれば、こちらの勢子（動物を追い出したり、射手の方へ追い込んだりする人）を貴国の山に入れ

て、鹿を伊豆側へ追い返したいのですが、お許しいただけないでしょうか」と。

藤頼は何も疑うことなく、「そんなことはわけもないことです」と承諾した。

宗瑞はその報告を聞くと、大いに喜んで鹿狩りの準備をした。しかし彼のたくらみは、鹿狩りとは別にあった。

宗瑞は準備を整えると、数百人の勢子を連れて箱根山に向かった。実は彼が率いていたのは、勢子の身なりをした屈強な軍兵たちであった。彼は夜になってから小田原の裏山に軍勢を集めると、無数の松明をかかげ、法螺貝を吹き鳴らさせた。さらに、鬨の声を上げて小田原城下の町家を焼き払った。

小田原城では突然のできごとに驚き、山々の松明を見て「いったいどういうことだ。敵は何万騎いるのだ」と、ひどく狼狽した。

宗瑞は、間髪を入れず小田原城に攻め込んだので、おびえた藤頼と城兵は防ぐことができず、総崩れになって他国へ逃げ去った。

このように宗瑞は、鮮やかな手腕で小田原城を乗っ取った。そしてこの城が、彼の関東進出の足掛かりとなった。

やがて伊勢宗瑞は後北条氏の祖として、「北条早雲」と呼ばれるようになった。

　北条早雲は、若い頃は伊勢新九郎と名乗り、その後出家して伊勢宗瑞となった。

　伊勢宗瑞は伊豆の大名となった後、関東地方へ進出するため、鎌倉幕府ゆかりの伊豆出身の豪族「北条」の苗字を子孫に使わせ、宣伝するようになった。足利幕府の重臣の「伊勢」の苗字は、以後使われなくなった。彼の名前が「伊勢宗瑞」よりも「北条早雲」の方が有名なのは、その宣伝の効果によるものであった。

　この苗字に対する執着の無さと、より有利な苗字に変えるやり方は、出雲散家出身の大名が出世のためによく使う手であった。

　正しい歴史の本では生前の「伊勢新九郎」や「伊勢宗瑞」の名を使うべきであるが、以下ではよく知られている「北条早雲」の名を便宜的に使うこととする。

　彼の素性については、古くから諸説があった。これは、彼自身が状況に応じて、苗字や住地を変えていったことに原因があった。この苗字や住地にこだわらない所が、いかにも出雲散家らしいと言うことができる。

　最近の研究では、彼は備中国荏原荘（岡山県井原市）の伊勢氏出身であったという説が有力になっている。そこには法泉寺や高越城跡など、早雲ゆかりの史跡が多く存在する。

とくに法泉寺は、早雲から寄進された伊豆修善寺の摺袈裟や、早雲の墓などがあり、この地区の早雲の伝承の中心となっている。

　また法泉寺はただの寺ではなく、敵の攻撃を想定して周りに湿田を配置し、あぜ道をジグザグに進まないと近づけないように工夫されていた。またいざという時に、寺から逃げる抜け道も用意されていた。幼少期の早雲がこの寺で学んだことは、多かったに違いないと想像させられる。

　伊勢氏は、足利幕府の重臣の名家であった。そこに出雲散家の早雲がどのようにして関係を持つようになったかについては、史料で確認することは難しい。

　しかし、寛永諸家系図伝の北条氏系図に「早雲の生国は伊勢、弱年のとき備中にあり」とあったり、備中府史に「享徳2（1453）年に伊勢新左衛門尉行長（早雲の父）、後月郡荏原六ヶ村三百貫の領主にて、伊勢国より入部すと」と書かれている。つまり早雲とその父親は、伊勢国から備中国へやって来たことになり、彼ら2人は純粋な備中伊勢氏ではなかった可能性がある。このあたりに、早雲の出自の謎が隠されているように感じられるが、真相について今後の研究に期待したい。

　早雲の行動には、名家出身らしく格式を重んじる行儀良さというよりは、出雲散家出身らしく実利を重んじる野性味の

　方が強く表れていると言うことができる。その特徴が顕れている場面について、以下で詳しく見ていきたい。

　まず早雲は備中国の領主という立場でありながら、親戚の京都伊勢氏の養子になり、備中の土地をあっさりと他の者に売り払ってしまった。この土地に対する執着の無さと、より有力な家名を得ようとする行為が、出雲散家らしいと言える。

　その後早雲は、足利義視（よしみ）に仕えることになり、1467年の応仁の乱勃発に伴い、義視の伊勢避難に同行する。しかし、1年後に義視が帰京する際には、主君に従わず伊勢に残った。これも、通常の名家出身者が取る行動とは考えにくい。

　足利義視のもとを離れた早雲は、京都大徳寺の竜泉庵に入り、禅の修行をおこなった。寺で学問を修め、身を立てようとすることは出雲散家がよく行ったやり方であった。
　のちに後北条氏の菩提寺・早雲寺（神奈川県足柄下郡箱根町）が建立された際に、大徳寺の以天宗清（いてんそうせい）が開山として招かれたのは、このときの関係による。

　その後早雲は駿河へ向かうが、6人の仲間である荒木兵庫頭（ひょうごのかみ）、山中才四郎、多目権兵衛（ため）、荒川又次郎、大道寺太郎（だいどうじ）、

81

在竹兵衛尉とともに伊勢神宮に参詣し、社前で神水を酌み交わし、

「たとえどんなことがあっても、この7人の間に不和をおこしてはならない。お互い助け合って軍功を励まし、名を上げよう。また、この誰か1人が身を立てて大名になるならば、残る6人は家人となってその人を盛り立て、多くの国を治めよう。君主となった者は、6人を必ず取り立てなければならない」と誓いあった。

のちに早雲が一国一城の主となった際には、残る6人は実際に早雲の家臣となり、手足となって北条家を支えた。それで6人の家は、御由緒六家と呼ばれるようになった。

この話からわかることは、この7人の間に最初は上下関係はなく、お互いに無名の浪人であったことである。仲間内では名家出身と言われる早雲ですら、その中の1人に過ぎなかったことになる。

これは早雲が、同じ出雲散家どうしの人脈と能力を、最大限に活用した出来事を示しているものと考えられる。

早雲は、伊勢氏出身というブランド名を使って、妹の嫁ぎ先である駿河・遠江国（静岡県）の今川家の信任を得た。そして、今川家の後継者争いに乗じて、興国寺城主となった

早雲は今川家に仕えて興国寺城主となった後、次に伊豆国に狙いを定めた。侵攻先に伊豆国を選んだ理由は、そこが出

雲族ゆかりの地であったためであると考えられる。伊豆半島は温泉が多く砂鉄も多かったため、出雲族がそこに目をつけ、開拓しながら製鉄技術などを伝えていったと考えられる。そのことは、伊豆地方の神社に、出雲系の祭神が多く祀られていることからわかる。

　伊豆は修験道の盛んな土地でもあったので、出雲散家も多く住み着いていたものと考えられる。下田市には箕作という、箕の製作や修繕を生業としていた出雲散家ゆかりの地と思われる場所もある。この地では、実際に戦後まで箕作りと、その行商を生業としていた人々が住んでいた。また日吉山王権現を祀る日枝神社が複数鎮座し、日吉大社ゆかりの修験者とのつながりが感じられるような土地でもある。

　当時伊豆では、堀越公方の相続争いが勃発していた。早雲は伊豆侵攻前に出家して、療治という名目で修善寺温泉（伊豆市）に逗留した。そこで退屈を紛らわせるためと偽って、地元の木樵たちを呼び集め、伊豆の地形や地侍の領地や身分まで詳細に聞き出した。この木樵たちこそ、出雲散家であったものと考えられる。

　そして、早雲は得られた情報をもとに、堀越公方の御所を急襲し、韮山城主となった。早雲は、その勢いで伊豆一国も攻め落とした。

　このように、今川家や堀越公方の後継者争いの際には、一

見大義のありそうな方に加担して勝利を収め、その結果が自らの利益につながるように仕向けるのが、早雲のやり方であった。

また伊豆侵攻後に、前述の小田原城奪取が行われた。それは、いわゆるだまし討ちの戦術であったと言える。

彼の戦いぶりを見ると、名家出身者の品の良さは感じられず、むしろ楠木正成のようなゲリラ的な戦術に似ており、彼が権謀術数に長けた人であったことがわかる。

早雲の小田原城奪取について、当時の人がどう感じていたかを示す、次のような逸話が残されている。

あるとき小田原で馬盗人が捕えられて、早雲の前に引き出された。するとその盗賊は、早雲を指さして言った。

「確かに俺は馬を盗んだ。しかし、国を盗んだあの人はどうなんだ」と。

早雲はこの様子を見て、「器量のあるやつだ」と言って放免してやった。

早雲は風魔一族という忍者集団に、諜報活動をよく行わせたことは有名である。『新編相模国風土記』によれば、石切善左衛門という石工も、配下の多くの石匠を使って乱破として隠密活動をおこなっていたという。これは表にあらわれた一例であって、恐らく他の職人衆の中にも、諜報活動を行うものがいたものと推定される。彼らは、小田原城下に集めら

れ、他国からの侵入者に目を光らせていたものと考えられる。

　また早雲は、連歌師・飯尾宗祇の弟子である柴屋軒宗長と親交を結んでいた。宗長は、連歌師という名目で諸国の大名を訪れ、隠密として探索した結果を早雲に伝えていたものと考えられる。

　早雲はある時、「盲人は無用」と言って、領内の盲人を捕まえて海に沈めようとしたので、盲人たちはみな四方に逃げ去った。実は、そのうちの何人かは、早雲の間者であったという。

　このように早雲が諜報活動に重きを置いたのは、出雲散家の心得によるものと考えられる。

　ちなみに、これら諜報活動を指揮したのは、早雲の三男・玄庵であった可能性がある。彼は箱根権現の別当をつとめたこともあり、修験者ともつながりがあった。また、工芸、茶の湯、連歌、馬術、弓術にも通じ、後北条氏五代を支える存在であったと言われる。

　早雲は北条家の家訓として、『早雲寺殿廿一箇条』をつくったと言われる。これは武士の日常生活の心得や作法を簡潔に示したものであるが、出雲散家（忍者）の心得が反映されていると思われる内容がある。それは、以下の３箇条である。

一、夜は午後８時までに寝静まること。夜盗はかならず
　　　午後11時から午前３時までの間に忍びこんでくる
　　　ものである。夜にいらない長話をして、夜中に寝入
　　　ってしまっては、家財を盗られ損失が多くなる。…
　一、朝は顔を洗う前に、便所から馬屋、庭、門の外まで
　　　見回り、まず掃除すべきところをふさわしい者に言
　　　いつけ、手早く顔を洗うこと。…
　一、仕事が終わって帰宅したら、馬小屋から裏へ回り、
　　　家を囲む塀や垣根に犬が潜っている穴があれば、ふ
　　　さいで直させること。…

　つまり夜の早い時間に一応の熟睡をしておいて、忍びが行
動する時間になったら、物音で目を覚ましやすいようにして
おくこと、朝になったら家の周りに侵入の痕跡がないかを確
認し、痕跡がつきやすいように清掃しておくこと、夕方には
忍びが入り込んでこないように抜け穴などを修繕しておくこ
と、について言いつけている。

　当時は便所や犬の潜り穴は、忍びにとって格好の侵入経路
であったが、普通の名家の出身者であれば、わざわざ家訓に
書くような内容ではないと考えられる。

　早雲は戦に明け暮れていただけではなく、領民に慕われる
ような善政を布いた。そのことに関し、幕末に活躍した勝海
舟は、次のように高く評価している。

　北条早雲というと、だれもただ炯眼な戦将だとばかり思うけれども、あれはまた非凡の政治家だよ。もとこの関東八州は室町将軍の領地で、租税の苛煩なのは日本一のところだった。大方七公三民くらいにあっただろう。早雲は、これを察して法を三章に約し（法律を簡略化し）、大いに租税を軽減したものだから、民のこれに従うことは、水の低きにつくようだった。

　あれが旅人の身をもって、手につばきして関八州を収めたのは、ひとり英雄の心をとったためばかりではない。また民心を服し得たからだ。（『氷川清話』より）

　この話のように、早雲は租税を四公六民へと大幅に軽減し、民心を得たとされている。それは早雲自身が出雲散家出身であり、民衆の心情をよく理解していたからこそ、採用できた政策だったのだろうと考えられる。

　早雲は韮山城で亡くなり、遺言により箱根湯本の早雲寺に葬られた。その近くには、須雲川が流れている。この付近には出雲散家が住んでいたようで、『新編相模国風土記』には、須雲川村の古地名は「箕作」であり、実際に箕づくりが行われていたことが書かれている。また、箱根には古くから木地師が住み着いており、出雲散家ともつながりがあったものと考えられる。

早雲は小田原を守るのに適したこの地を重要視したらしく、しばしば訪れた温泉場は「早雲足洗の湯」と呼ばれている。おそらく、仲間である出雲散家のゆかりの地としても重要視し、そこに葬られることを希望したものと考えられる。

３．美濃のマムシ・斎藤道三

　1467年から11年続いた応仁の乱が終わり、しばらくたった京の町で、1人の油売りの青年が弁舌さわやかな口上を述べていた。

　「さあさ、皆さまお立ち会い。油を壺にそそぐとき、漏斗を使わず一文銭の穴に、トロリトロリと通して見せまする。油が穴からこぼれたら、お代は一切いただきませぬ。うまくいったらご喝采、よろしうお願いいたしまする」と。

　「一斗おくれやす」取り巻いていた観衆の中の1人の女性が注文した。

　「毎度おおきに」彼は笑顔で応じると、左手に一文銭を持ち、右手でヒシャクを高く掲げ、ゆっくりと傾けはじめた。観衆は固唾をのんで見守った。すると油が糸のように落ち、その先端が一文銭の穴を通って地面の壺の中に吸い込まれていった。観衆からは驚きの声があがった。ヒシャクはどんどん傾けられていったが、油の線は少しも乱れる様子はなかった。彼は油がすべて流れ落ちると、「さあ、ご覧あれ。油は

一滴もこぼれておりませぬ」と言いながら、一文銭を観衆の方に差し出して見せた。一部始終を見ていた観衆からは、歓声と拍手喝采がわき起った。そして、次から次へと油の注文の声があがった。

このパフォーマンスは京の町中で評判となり、この青年の油屋は商売繁盛して一財を成した。

この青年の名は、松波庄五郎と言った。

彼は都で稼いだ財力を使って、美濃国（岐阜県）でも商売を始め、やがてその国の土岐氏に仕える武士として取り立てられた。

以前は、この松波庄五郎がのちに斎藤道三を名乗り、一代で美濃を国盗りしたと言われてきた。

しかし近年発見された『六角義賢条書』によって、松波庄五郎は道三の父親であり、その息子・左近大夫こそが道三であったことが明らかになった。そして、美濃の国盗りはこの父子2代をかけておこなわれたという説が有力となっている。

江村専斎の『老人雑話』にも、父子2代で美濃の国盗りをしたことが、次のように書かれている。

　斎藤山城守（道三）は、山崎の油商の子であった。この父（松波庄五郎）が、妻を連れて美濃に移住し、そこで山城守を生んだ。そして土岐（美濃国主）に取り入って仕えていたが、土岐は末に至り国も乱れる中で、どのようにしたのか、遂に美濃の国主となった。

図10. 道三塚（岐阜市崇福寺）

　ところで出雲の旧家では、斎藤道三は出雲散家出身であっ
たと伝えられている。

　三角寛は『山窩物語』で、「道三はサンカ（出雲散家）出
身で、丹波の探り筋（忍び）の者であり、美濃に移動して斎
藤にもぐり込んで同化した」という趣旨のことを述べてい
る。

　前述したように丹波は出雲散家の集団移住地であり、忍び
の訓練をした修行地でもあった。

　この丹波の修行の話は、道三本人ではなく、父親の松波庄五郎の話であったものと考えられる。（あるいは、親子ともに若年の頃に丹波で修行したかもしれない。）

　その理由は、松波庄五郎の一文銭の技が、猿楽の曲芸を応用したものであった可能性があるためである。前述したように、出雲散家はよく猿楽をおこなった。

　一般的に松波庄五郎は北面の武士の子で、京都西岡の出身であったと言われているが、実は彼も出雲散家出身で、特殊技能を使って生活費をかせぎながら、情報収集もおこなっていたものと推定される。

　松波庄五郎の行動には、それ以外にも色々と出雲散家らしさを見ることができる。それらは、北条早雲とも共通する特徴であった。

　まず彼は、幼少期に京都・妙覚寺で修行し、法蓮坊と名乗った。これは身分の低い出雲散家が、学問で身を立てようとする方法の一つであった。

　つぎに彼は美濃国で武士になり、松波庄九郎から西村勘九郎正利、長井新左衛門尉へと次々に名を変えた。一つの苗字に執着せず、より有力な家の苗字に次々と変えていくのは、出雲散家出身の大名によく見られる特徴であった。さらに彼は、自分の主人の長井長弘を謀略により亡き者にして、代わりに小守護代になった。

その跡を継いだのは、庄五郎の子の長井新九郎規秀であった。彼は守護代・斎藤家の養子となり、斎藤利政と名を変えた。稲葉山城（現・岐阜城）を居城にしたのは、この頃である。さらに出家して斎藤道三を名乗り、守護代となった。

　そして彼は、最後に守護・土岐頼芸を追放して、美濃国を支配するようになった。

　彼はその冷酷無慈悲な性格から、敵対する者から「美濃のマムシ」と呼ばれ、忌み嫌われた。あるいは、出雲散家には「蝮取」という仕事があるので、道三の出自を卑下する意味も込めてそのあだ名がついたのかもしれない。

　三角寛著『山窩物語』には、「道三は、自分の素姓をかくすため、素姓を知るものはつとめて懐柔に努めたが、懐柔できない者は片っ端から殺してしまった」と書かれている。

　しかし、主家の後継者争いに乗じて美濃の国盗りに成功した道三であったが、自分の後継者争いで長男・義龍から裏切られ、命を落とすことになったのは皮肉な結果であった。

　彼は長良川の合戦で討ち取られ、すぐ近くの道三塚（岐阜市）に葬られている。

4．サルと呼ばれた豊臣秀吉

　天正10（1582）年6月3日の夜半、備中（岡山県）高松城攻めの陣中で眠っていた羽柴秀吉（後の豊臣秀吉）は、突

然の注進の声に目を覚ました。

「殿、京の長谷川宗仁殿より火急の使者が参っております。」

「うむ、すぐ参る。」

秀吉は「上方で何かあったか」と胸騒ぎを覚えながら、身支度を整えた。秀吉が評定の席に出ると、使者と腹心の家臣たちが居並んで待っていた。

「長谷川宗仁様より、この書状を預かっております。」

使者は書状を秀吉に差し出した。秀吉は書状を開くと、急いで目を通した。

それは明智光秀の謀反により、京・本能寺で織田信長が最期を迎えたことを知らせるものだった。

それはあまりにも衝撃的な内容であったためか、秀吉にはすぐに事の重大さを理解することができず、まるで遠い異国で起こった出来事のように感じられた。

「まさか、上様が…」

秀吉は茫然としながら、家臣たちに書状を渡した。家臣たちもそれを読んで、驚きの声をあげ始めた。

秀吉の脳裏には色々な考えが湧き起こっては消え、また湧き起こっては消えたが、一向に考えがまとまらなかった。敵の毛利とは和平交渉の真っ最中であるが、明智と結びつく恐れがあるので、すぐに先手を打つ必要があった。しかし信長が死んだという事実が、どうしても受け入れられなかった。

秀吉は動揺し、冷静に物事を考えることができなくなっていた。

　家臣たちは険しい表情で考え込む秀吉の姿を見て、意見を言い出せないでいた。その場は重い空気が立ち込め、静まりかえった。

　しばらくして軍師の竹中半兵衛が、沈黙を破って諸将に向かって言った。

　「これは一手先の見えない下手な碁と同じことです。いろいろ道筋は多いと言っても、毛利家の考えが読めなければ、和平できるかどうかはわかりません。かといって、信長様の変事を隠そうとしても隠しきれません。おのおのの考えを言ってみて下さい。それがしが判者となって、その中の良い策を選びましょう」と。

　すると、蜂須賀小六が進言した。

　「殿、ここは評定なんかしていても、次の一手は決められないでしょう。今こそ博打勝負を打つべきです。まずは毛利にこの変事を知らせておいて、和睦する気があるか確かめましょう。この変事を幸いと攻めかかってくるようであれば、もう後は運の勝負です。味方の方が小勢ですが、何ということはありません。博打いくさに打って出ましょう。

　昔、殿もスッパ仲間と博打を打っては、時々負けて裸にされても楽しんでおられたではないですか。敵の数の方が多くても、博打では持ち金が少ない方が勝つこともあるもので

す」と。

　それを聞いて半兵衛は驚いて言った。

　「これは蜂須賀殿、あっぱれ天下分け目の評定とは、この
ことですな。この状況で、なかなかこの決断はできないもの
です。私も同じ考えでしたが、博打勝負の道を語れるのは蜂
須賀殿をおいて他にいません。殿の運が開けるかどうかは、
もはやこれ以上相談する必要はないでしょう。殿、ひと当て
致しましょう。どうぞご決断下さい」と。

　半兵衛と小六のやりとりを聞いていた秀吉は、昔を懐かし
むように宙を見上げた。そしてニッコリと笑顔になると、い
つもの軽口を言うような口調で言った。

　「そうか、皆も博打勝負が望みか。わしも博打が何よりも
好きだ。そういえば昔は博打に負けて真っ裸にされて追い出
されたり、人の金を勝手に使って打ち叩かれたりしたもの
だ。負けて駆け落ちしたことも、思えば３年間に18度もあ
る。また、美濃・近江・伊勢・尾張のトッパ仲間の大寄り合
いでは、五貫、十貫と取ったり取られたりしたものだ。ある
時は八貫文を三十五貫文に増やしたが、勝負事っていうのは
心と目利きが大事なんだ。蜂須賀、ここは一つ博打勝負を打
ってみよ」と。

　言い終わると、秀吉は笑みを浮かべつつも、博打を楽しむ
勝負師のような顔つきになっていた。

　その後秀吉が明智を討ち、天下を取ったことは周知の事実

である。この夜の評定こそが、秀吉の天下取りを決定づける出来事であったと、後々皆が思い知ることになった。

　この話は、江戸時代の『爛柯堂棋話』に書かれた話である（一部、筆者が脚色）。この書物は正式な史料ではないが、おそらく当時はこの類の話が広く世間で語られていたのだろう。つまり、秀吉がスッパ・トッパの仲間であり、忍者出身であったことをほのめかしている。

　出雲の旧家では、秀吉は出雲散家出身であったと伝えられている。一般的に、秀吉は尾張の百姓出身であったとされているが、それは誤説ということになる。

　三角寛は『山窩物語』で、「秀吉の父・弥右衛門は因幡（鳥取県）出身のサンカ（出雲散家）で、箕作りや茶筅作りなどを行い、丹波で軽身、忍び、物見などを修行した。その流れをくむ者が秀吉の一味に加わって城攻めに働いた」という趣旨のことを述べている。

　確かに秀吉の父・弥右衛門は、百姓には似合わない広い屋敷に住んでいたようで、その住居跡と言われる場所は今でも「弥助屋敷」（名古屋市中村区）と呼ばれている。弥右衛門は、出雲散家の中でも地位が高い親分的な存在であったのだ

ろう。

　秀吉の義理の父の竹阿弥も、「阿弥」という名から出雲散家か、それに近い時宗の遊行民であったことがうかがえる。

　また秀吉の母・なかの出身地は、尾張国愛智郡「御器所村」という場所であったと言われており、その地名から出雲散家に近い木地師との関係を想像させられる。

　秀吉の重臣であった竹中半兵衛の子・竹中重門は『豊鑑』に、「秀吉は郷のあやし（賤し）の民の子であったので、父母の名もわからない。一族なども同じである」とまで書いている。

　秀吉の正妻・北政所の親戚の木下家に伝わった『平姓杉原氏御系図附言』によれば、北政所の母親は秀吉の卑賤さを嫌って娘の結婚を許さず、秀吉が出世した後も秀吉のことを良く思っていなかったという。

　海外の文献にも、秀吉の出自についての興味深い記事がある。

　ジャン・クラッセ著『日本西教史』には、「秀吉は元来卑賤の生まれで、若い頃の生業は樵夫であり、山で薪を刈り、その束を担いで売り歩いていた」という内容が書かれている。また、ミカエン・シュタインシェン著『キリシタン大名』にも、秀吉は「樵夫の子」と書かれている。

　樵夫や木地師は、多くの出雲散家が就いた職業であった。この記事は、宣教師が日本人から直接聞いた話を記録したも

のであり、権力者が有利になるような作為は施されていない可能性が高い。

　秀吉自身の行動にも、色々と出雲散家らしさが見え隠れしている。

　秀吉も北条早雲や松波庄五郎のように最初は寺に預けられて修行させられた。その場所は現在萱津（愛知県海部郡甚目寺町）にある時宗・光明寺と言われている。時宗は出雲散家がよく入信した宗派であったが、秀吉は坊主の生活が性に合わなかったらしく、すぐに寺を飛び出した。そして、仕官先を求めて放浪の旅に出た。放浪生活は、出雲散家の得意とする生活様式であった。その際に木綿針を売って生計を立てていたと言われるが、その点においても金属精錬技術者であった出雲散家との関係性が感じられる。

　また父親だけでなく秀吉自身も、若年の頃に丹波で出雲忍者の修行をしたものと推定される。

　たとえば、フェルナン・ゲレイロ編の『イエズス会1600年日本年報』には、若い頃秀吉が信長の鷹狩に従い、高い木の上で足の縄がからみついた鷹を助けるため、サルのような身軽さで木にのぼったことが記録されている。このような身軽さは、出雲忍者の特徴の一つであった。

　また朝鮮の『懲毖録』には、天正十八（1590）年に朝鮮使臣が秀吉に会った印象として、「微かに目光閃閃として人

を射るを覚ゆ」と書かれている。現代でも出雲散家や忍者の
厳しい修行をした人は眼光が鋭いと報告されることがある
が、秀吉も忍びの訓練を経た結果、鋭い眼光を帯びるように
なったものと考えられる。

　以上のような理由により、秀吉は信長から忍者の暗喩のサ
ルというあだ名で呼ばれるようになったものと考えられる。

　ただ彼の容貌が、本当にサルらしく見えたこともあったら
しい。たとえば、浜松で目撃された若い頃の秀吉は、「人か
と思えばサル、サルかと見れば人であった。皮のついた栗を
与えると、皮を口でむいて食べるその口もとはサルと同じよ
うであった」と、『太閤素生記』に書かれている。

　毛利家の家臣・玉木吉保の『身自鏡』には、秀吉を間近
で見た印象として、「軽やかに馬に乗り、赤ひげに猿眼であ
った」と書かれている。

　彼がサルと呼ばれたのは、もう一つの理由があった。日吉
大社（滋賀県大津市）の社家の伝承によれば、秀吉は同社の
社家・樹下家と親しく、よく出入りしていた。それで彼は、
身分が低いときは樹下家にちなんで木下籐吉郎と名乗ったと
いう。

　はじめ比叡山には農業神・大山咋神が祀られていたが、天
智天皇が都を近江に遷した折りに、大和国三輪山より出雲族

が信仰する大物主（事代主）の御神霊を分祠した。その神を大比叡神と称し、大山咋神を小比叡神と改め、二柱を祀るようになった。

　その後、社は比叡山の東麓に移り、日吉大社となった。そこでは出雲族の崇拝するサルタ彦大神も祀るようになり、山王信仰が始まった。

　比叡山は日吉大社が尊重したサルタ彦大神を、寺の守り神にしていた。サルタ彦大神はインドの象神・ガネーシャに由来するが、その発音からサル神と誤解されていた。それが、秀吉がサルと呼ばれた理由の一つでもあった。

　比叡山や日吉山王神社は修験道の場としても知られており、出雲散家の山伏も多く出入りしていたので、秀吉もそれらの人々と関わりがあった可能性がある。

　秀吉と日吉大社の関係を示す痕跡は、それ以外にも多く見られる。

　秀吉の生誕地付近の日之宮神社（名古屋市中村区）は、もとは日吉権現と呼ばれ、彼の母が男子を授かるよう日参したと地元で伝えられている。

　「母親が懐に日輪が入る夢を見て、元旦に日吉丸（秀吉）が生まれた」という話は、後世の作り話ではあるが、出雲系の太陽信仰をもつ日吉大社と秀吉との関係を示している。元旦に誕生した話も、日の出を拝む出雲族の習慣を暗示してい

る。

　織田信長の比叡山焼き討ちの際には、秀吉はあまり積極的に参加しなかったと言われているが、その裏では日吉大社の社家が秀吉から助けられていたという話が、その家に伝えられている（白州正子著『かくれ里』より）。

　また別の社家の伝承によると、焼き討ちの先鋒は明智光秀であったが、秀吉は一足先に比叡山へ行き、横川香芳谷から逃げ来る僧侶を重要な仏像・経典とともに逃がして救ったという。高野山所蔵の国宝「阿弥陀二十五菩薩聖衆来迎図」や、京都国立博物館所蔵の国宝「釈迦金棺出現図」、比叡山所蔵の「釈迦如来坐像」や重文「慈恵大師坐像」、重文「日吉山王本地仏曼荼羅」は、このとき比叡山から持ち出されたものであったと考えられている。この焼き討ちで日吉大社も大損害を受けたが、秀吉は天下を取った後に社殿を再建している。

　京都・阿弥陀ヶ峰の豊国廟の麓には、新日吉神社がある。その境内にある樹下社は、徳川家によって豊国神社が廃絶された後も、ひそかに秀吉の御神霊を祀ったと言われている。この由緒も、秀吉と樹下家とのつながりを示している。

　『尾参宝艦』には、「秀吉の曽祖父は近江国浅井郡長野村出身で比叡山の僧となったが、日吉明神の霊夢に感じて還俗・妻帯し、尾張国中村へ移住した」と書かれている。この話は真偽はさておき、秀吉と日吉大社との関係を記している点で

は注目に値する。

　秀吉は信長に仕えた後、他の重臣たちに勝る武功をあげて次第に出世した。彼は地位が上がるにつれて苗字を木下から羽柴、豊臣と変えていったのは有名であるが、苗字に執着しないのは、北条早雲や斎藤道三と同じ特徴であった。

　さらに秀吉は、北条早雲と同じように出雲散家の人脈と能力を最大限に活用した。秀吉が使った出雲散家の筆頭に挙げられるのは、木曽川流域の水運に長じた蜂須賀小六であった。彼らを重用した結果、秀吉は情報収集や調略に長けるようになった。また土木工事を使った城攻めや、迅速な長距離移動で敵を圧倒し、天下を治めるに至った。

　たとえば有名な墨俣一夜城の物語は、秀吉や蜂須賀党が砦の増強工事に携わり、いわゆるプレハブ工法で工期の短縮化に貢献したことを示していると考えられる。

　実際に墨俣の地で短期間に城が造られた事実があったかどうかは不明であるが、美濃攻めの際に同様の城造りがあり、秀吉と協力者が活躍した史実が物語に反映されたものと思われる。

　高松城水攻めでの短期間の築堤工事や、石垣山城の約百日間での建設において、その能力が大いに利用されたものと考えられる。

　また中国大返し（7日で約 230 キロメートルを走破）や美

濃大返し（5時間で約50キロメートルを走破）では、現代
人の常識では考えられない程のスピードで軍を動かしたこと
については、疑問視されることが多い。

　しかし当時の人の中には、現代人の想像以上に強靭な体力
を持ち、足の速い人がいたことが様々な記録に残っている。
たとえば宮本武蔵の『五輪書』には、「人には早道といって、
一日に四十から五十里（160〜200キロメートル）行く者も
あり」と書かれている。

　秀吉の軍勢には、丹波や山岳で修行し、昼夜を問わず速く
走る術を身につけた出雲忍者が多く協力していたため、他の
軍勢よりも素早く移動することができたのだろう。出雲忍者
のある者は軍勢の先頭を走り、ある者は後からくる軍勢のた
めに食糧や夜道の灯りを準備したことだろう。

　本能寺の変の後、秀吉は織田家の跡目争いに乗じて有利な
立場を勝ち取り、最終的に織田家を差し置いて天下を取るこ
とになるが、主家の騒動に乗じてのし上がる立ち回り方は、
北条早雲や斎藤道三とも共通していると言える。

　信長の三男・信孝は、秀吉と対立した結果、切腹に追い込
まれることになるが、激しい恨みを込めた辞世の句を残して
いる。

　　　昔より　主を内海の野間なれば

　　報いを待てや　羽柴筑前

（私が切腹する尾張国野間の内海は、その昔源義朝が
討たれたように主人を討つことで有名な場所であるが、
殺した者が後で誅殺されたように、報いが訪れるのを待
つがいい、羽柴秀吉よ）

　秀吉は天下を取った後は、仲間であるはずの出雲散家から
距離を置くようになり、自らの出自を隠そうとした。そし
て、反発したり秘密を守らない出雲散家がいれば、遠ざけた
り消し去ろうとした。
　三角寛著『サンカ社会の研究』によれば、秀吉は道三と同
じように、自分の素姓を知るものは懐柔しようとし、懐柔で
きない者は片っ端から殺したという。さらに秀吉について
は、「生涯を通じて、殺したサンカ（出雲散家）の数は実に
三千二十九人の多きを数えたといわれている」という。
　後述するが、出雲散家ゆかりの甲賀武士や雑賀衆は、秀吉
の意向を受けて没落した。（第5章参照）
　天正18（1590）年の小田原征伐は、秀吉が命令に応じな
い後北条氏を降した出来事であった。同じ出雲散家出身で、
先に戦国大名になっていた後北条氏からして見れば、秀吉の
ことを新参者とバカにしていたのかもしれない。そのような
後北条氏の態度を、秀吉はどうしても許せなかったのだろ
う。

　このようにして秀吉は出雲散家出身であった史実を、徹底的に消し去ろうとした。

　しかし天正19（1591）年に、京都洛中に十首の狂歌がはり出された。いずれも、秀吉政権の圧政を批判するものであったが、その中の一首は次のようなものであった。

　　まつせとは　べちにはあらじ

　　　木の下の　さる関白をみるにつけても

　（末世とは　別にはあらじ

　　　木下の　サル関白を見るにつけても）

　秀吉がいくら出自を隠そうとしても、陰で人々が真相を語りあったことが、この一件からもわかる。

第五章　出雲忍者の活躍

1．伊賀忍者と甲賀忍者

『萬川集海』という忍術書に、次の記載がある。

　たいていの他の芸では、上手であれば必ずその名が外に顕れるものである。その名が世に知られていれば、必ず上手の者である。しかしこの忍術は他の芸と違い、上手と言われる者は中吉の忍者であって、良いものではない。上手であるか下手であるか人に知られることなく、術を成功させる者を「上の忍」とする。…

　深謀をめぐらす上手の忍者は、まず平生は忍者であることを深く隠して顕さない。ただ普通の武士か、隠者・浪人などのようにして、忍術を知っていることを見せず、普通の人のように振る舞っている。

　もし非常事態になって家老が出頭しても、そのことを知らせず、大将１人とのみ極めて密かに謀り、合図を決め、敵の城へ入って淵玄微妙の謀略を巡らし、敵方みずから気勢が衰えるようにするのである。

　敵が滅びた後も武功や忍び入って陰謀を巡らしたことを語らないので、敵が滅んだのはその人の功績であったことを人々は知らずに、敵の運が尽きて自然の道理で敗亡したように思うのである。

　このように有能な忍者は抜群の成功をおさめても、音もなく、臭いもなく、知名もなく、勇名もない。その功績は、天

地が造られたもののようである。

　　天地では、のどかな春は草木は伸び、花が咲く。暑い
　夏は、草木が生い茂る。涼しい秋は、草木は紅葉して落
　ちる。寒い冬は雪・霜が降り、草木は枯れ根に帰る。こ
　れだけでなく、一日の間にも色々様々なことがあるが、
　それは誰がしたのか知る者がいないのと同じことであ
　る。…

　　有名になった忍者たちは底が浅いが、その主人たちは
　よく忍術を知っていたので、その深さゆえにかえって名
　が知られなかったのである。…

　今や海外にも知れ渡っている忍者であるが、その実態は名
人になればなるほど、超人的な活躍をする忍者のイメージと
は大きくかけ離れていたことがこの話からわかる。
　またこの話は、歴史の裏で活躍した出雲散家にもそのまま
当てはまる。出雲散家の実情がわかりにくい理由は、彼らが
自分自身の功績を語ろうとしなかったことにあった。
　この章では、とくに出雲散家の忍者としての側面について
述べるため、彼らのことを出雲忍者と呼ぶ。

　伊賀と甲賀（こうか）は、もともと出雲族の多い土地であ
った。その理由は、第一章で述べたように、磯城王家の大彦
がイズモ兵を連れて伊賀に本拠地を置いたからであった。ま

た、伊賀と甲賀は古代には「甲伊一国」と呼ばれるほど、密接なつながりのある地域であったので、甲賀にも多くのイズモ兵が住むようになった。その後大彦は物部勢に追われたため、琵琶湖東岸の野洲を経て北陸地方に去ったが、イズモ兵の一部が伊賀や甲賀に残り、のちに彼らが出雲忍者になった。

　出雲の旧家では出雲忍者（出雲散家）の忍術が、伊賀や甲賀の忍術のもとになったと伝えられている。

　以下では、伊賀と甲賀の出雲忍者のことを、便宜的にそれぞれ伊賀忍者と甲賀忍者と呼ぶ。

　もともと伊賀は、東大寺の荘園が多い土地であった。それらは杣（木材供出地）であり、黒田荘（名張市黒田）と玉滝荘（伊賀市北部）が中心地であった。そこの杣人（木こり）たちは、農民として土地に定着していき、やがて自立を強め東大寺支配に反抗するようになった。そして、「悪党」と呼ばれる武士団に成長していった。第二章で述べたように、これらの悪党の中には出雲散家出身者が多くいた。それで、この人々が伊賀忍者になっていったと考えられる。

　一方の甲賀の方では、出雲族や出雲散家が武士となり、その者たちが忍術を使うようになった。そのため甲賀忍者は、本来は「甲賀武士」と呼ぶ方が正しいが、この本では便宜的に「甲賀忍者」と呼んでいる。

　出雲忍者の術には、修験道の技が多く含まれていた。そのため出雲忍者は、修験道の祖・役 行 者のことを忍術の祖として崇めていた。そのため伊賀や甲賀には、役行者の像が今でも多く残されている。とくに伊賀では、役行者の能面をつけた者が練り歩く天神祭が、今でも行われている。

　また、甲賀の飯道山は修験者や忍者の修行の場であり、そこの飯道神社には役行者像や行者堂がある。松尾芭蕉は、甲賀の山奥に修験者たちが住む様子について、「山かげは　山伏村の　一かまえ」と詠んでいる。

　このように伊賀・甲賀の忍者たちが、役行者の像を崇拝するのは、彼らがもとは出雲忍者であったことを示している。

　また山伏は山中の薬草に詳しく、その知恵が忍術に取り入れられた。そのため、とくに甲賀忍術では売薬が盛んになった。

　甲賀市甲南町にある甲賀流忍術屋敷は、望月家の住居で元禄時代の建物である。望月家は、代々薬を作っていた薬屋であった。この屋敷は、外からは平屋のように見えるが、内部は３階に分かれており、どんでん返しや隠し部屋など外敵に備えた様々な仕掛けがある。彼らは、戦のない江戸時代になっても、忍びの術を継承していたらしい。

　とくに甲賀では、この忍術と売薬がセットとなっている所に、出雲忍者の痕跡を見ることができる。

伊賀忍者と甲賀忍者は、それぞれの地域でまとまりつつ、互いに親交を続けていた。しかしその地域内では、各家どうしの領地争いによる小競り合いも多かったので、土塁や石垣で囲まれた小規模な城館が多くつくられ、屋敷内に外敵を防ぐからくりが設けられるようになった。これらの地域では、このようにして独自の忍術が発展するようになった。

　前述の『萬川集海』は、藤林佐武次保武が江戸時代に編集した22巻と別巻1巻の忍術書で、「すべての川の水が海に集まる」ように、各忍者の家の術を集大成したものであった。
　「萬川」は「まんせん」と読まれることも多いが、編者の冨治林（藤林）家出身の明治生まれのある女性は、わざわざ「ばんせん」とルビをつけた覚書きを残している。つまりその女性が、実家の冨治林家で幼い頃から繰り返し聞いていたのは、「ばんせん」の方であったことがわかる。
　また「まんせん」は「多くの川」を意味するのに対し、「ばんせん」は「すべての川」という意味となり、後者の方が編者の意図により近いと思われるので、この本ではその読み方を尊重している。

　忍術は、他家はもとより親子といえども信頼できない者には伝えない掟があったので、忍術書は盗まれても良いように

誤説を加えたり、暗号で書かれたりした。そのため、忍術書が受け継がれる際には、正しく伝承されるように必ず口伝がセットになっていた。『萬川集海』には忍術が詳しく記録されているが、口伝が伝わっていない箇所では正しい意味がわからなくなっている所もある。たとえば忍器の「水蜘蛛」は、正しい使い方がわからなくなった物の一つである。

　余談であるが、戦国時代の兵法も多くの場合、伝書と口伝がセットになっていた。そのため、伝書の研究のみでは正しい技がわからないことが多く、誤った理解をしてしまう恐れがある。さらにこの関係は、日本の歴史（とくに古代史）にも当てはまると、筆者は感じている。誤説を含んだ記紀などの文書と、出雲の旧家などの口伝をセットで考えると、正しい理解が得られるという点が似ていると言える。

　保武は『萬川集海』を編集した後、伊賀・藤堂藩に仕官することになったが、藩主と同じ「藤」の字を使うことをやめ、「冨治林」に改姓した。その理由は、彼の先祖・保正が天正伊賀の乱で織田勢に反抗した経緯があり、当時織田勢の一員であった藤堂家に気がねして隠れ名を使ったためであった。

　保武の先祖の藤林長門守は、百地丹波、服部半蔵とともに

「伊賀流三大上忍」と呼ばれている。

　この中の服部家は渡来系の苗字であるが、藤林家と百地家と共に、おそらく地域間で混血や養子縁組を繰り返すことにより、出雲忍者と同族化していたものと考えられる。

　そのように考えられる理由として、たとえば藤林氏は服部氏の同族であると書かれた系譜が存在する。また、藤林長門守と百地丹波の戒名が一文字違いであるとの理由で、両者が同一人物か、血縁関係があったとの説もある。

　それ以外にも冨治林家は、江戸時代末期には忍町（忍者の住む町）の城戸家から養子をもらい受けている。この養子縁組が行われた背景には、古くからの忍者の家どうしの深いつながりがあっただろうと思われる。そのため、記録には残っていないが、他の忍者どうしで同じような養子縁組や婚姻が古くから繰り返されていたものと推定される。

　農民の多かった伊賀忍者はこの上忍の権力が強く、一応は連合組織として「惣国一揆」を形成していたが、忍者どうしの合議の決定権は上忍が持っていた。

　一方、甲賀で忍術を使っていたのは、忍者ではなく武士であった。

　甲賀忍者の祖は、甲賀三郎と言われている。出雲忍者には、諏訪地方へ移動して、そこで活躍した者がいた。諏訪は出雲族の多い地域であった。平安時代、その出雲族の中に諏

訪（望月）三郎兼家という人物がいた。彼は平将門の乱の際
に、勝利した側の先鋒隊長として働いた功績があり、近江国
甲賀郡を与えられ、甲賀三郎兼家と名乗った。

　甲賀三郎は、伊賀とも親交があったようで、敢国神社（伊
賀市）には彼を祀る祠・六所社が鎮座する。

　室町時代の長享元（1487）年、9代将軍・足利義尚が近江
源氏・佐々木六角氏を攻めたとき、甲賀忍者は六角氏を助け
て幕府軍を破った（鈎の陣）。この出来事により、甲賀忍者
の名が世に知られるようになった。

　甲賀は、伊賀とは異なり完全な合議制で、地域連合として
の「郡中惣」を形成し、首領も輪番制で決めていた。その
ような合議は、油日神社や矢川神社（ともに甲賀市）など
でおこなわれた。

　甲賀では、昔の合議制の名残りの「株」という制度が今で
も残っており、親戚よりも株の集団の方に力を入れて、神社
の祭りなどを行う習慣があるという。

　伊賀と甲賀は親しい間柄であったが、天正伊賀の乱を境に
それぞれ別の道を歩むことになった。甲賀は信長に味方して
生き残り、伊賀は敵対して敗れ、散り散りとなった。

　その後伊賀忍者は、本能寺の変により徳川家康が領国へ戻
ったいわゆる「神君伊賀越え」の際に、家臣の服部半蔵に協
力して道案内をした功により、徳川家に仕える道が開けた。

　一方の甲賀忍者は、秀吉の命令で紀州雑賀攻めに加わった

が、太田城攻め際の不手際で、地位を落とされた（甲賀ゆ
れ）。秀吉は、同じ出雲忍者出身の甲賀忍者が気に入らなか
ったらしい。

　落ちぶれた甲賀忍者であったが、徳川の世になると、それ
までの功績が認められて幕府に仕官する者があった。その際
に、甲賀忍者であることの証拠として、忍術書『萬川集海』
を写して幕府に提出したという。

　伊賀・甲賀は別々の道を歩みながら、結局はともに徳川家
に仕えることになった。伊賀忍者は江戸城（現皇居）の西門
（半蔵門）の警備に当たり、甲賀忍者は本丸と大手三門を守
った。大手三門付近には、彼らが勤めた百人組（鉄砲隊）の
番所が残っている。

2．柳生宗矩と諜報活動

　文禄3（1594）年5月、柳生石舟斎宗厳は五男・又右衛
門宗矩とともに京都洛西の紫竹村鷹ヶ峰の仮屋に赴き、徳川
家康に謁見していた。

　当時66歳の宗厳は、自らの世渡りの才の無さに嫌気が差
し、世を捨て、兵法の鍛錬工夫に専念していた。彼は前年に
入道した際、自嘲の意味を込めて石舟斎と号していた。彼の
詠んだ次の歌に、その思いが込められている。

　　兵法のかぢを取ても　世の海を

　　　わたりかねたる　石の舟かな

　しかし宗厳は、兵法の面では才能を発揮していた。彼は、上州（群馬県）の上泉信綱から新陰流２世を引き継ぎ、その剣の腕前は天下に鳴り響いていた。大名の中にも、彼の門下に入る者が多かった。家康はその噂を聞いて、京に滞在している際にその武芸を一目見ようと、宗厳を呼び寄せたのだった。

　宗厳には五人の息子がいたが、その時打太刀として同行できる者は宗矩だけであった。宗矩は24歳とまだ若かったが、剣の腕もさることながら、人付き合いが上手であった。

　宗厳は、家康から丁重に迎えられた。そして短い挨拶を済ませると、宗矩を相手にして新陰流剣術の型を演じ、その技の理合いを説明した。家康は、その演武を身を乗り出して熱心に見入っていたが、演武が終わると、

　「ところで、新陰流には無刀取り（素手で相手の太刀を奪う技）の秘技があると聞く。是非わが太刀を、取って見せてもらえまいか」

　と言って床几から立ちあがり、木太刀を手に取った。

　当時家康は53歳で、武将としてもまだ活躍できる年齢であり、また兵法の心得もあった。それで、無刀取りなど絵空事ではないかという疑いの気持ちから、自ら試してみる気になったらしい。

　宗厳は、いきなりの家康の要望に驚いたが、すぐに

「承知いたしました。無刀取りは人に見せるための技ではございませんが、内府様のご要望であれば、ご覧に入れまする」

と答え、家康の前に間をあけて素手で対峙した。

互いに軽く礼をすると、家康は木太刀を額の上あたりまで振りかぶって上段に構えた。宗厳は腰を落とし、両手を膝の前に下ろして、体全体が真ん丸になるような構えとなった。上半身は完全に無防備であった。

「では参るぞ」

「ご存分にお願い致しまする」

そう言うと、両者はともに距離を詰め始めた。家康は、じりじりとゆっくり動いていった。それに対し宗厳は、よどみのない足取りでスラスラと進んでいった。この歩み足は、猿楽の歩法から取り入れたものだった。

家康は、無防備で眼前に迫りくる宗厳の姿に戸惑いを覚えつつも、間合いに入った瞬間に一気に木太刀を相手の頭に向けて打ち込んだ。

「斬った！」と家康が思った瞬間、斬ったはずの宗厳の姿が視界から消えていた。宗厳は、木太刀をよけながら素早く家康の右側面に入り身し、右腕で家康の両腕を擦り上げながら、左腕で家康の背中を抱きかかえた。そのはずみで木太刀は両手から離れ、家康の後方にはじけ飛んだ。家康はのけぞって後ろに倒れそうになり、息が詰まって身動きのとれない

状態になっていた。

「うっ、これはたまらぬ。参った、参った」

「無礼つかまつってござる」

宗厳は技を解くと、家康の前に着座し平伏した。

宗厳の使った技は、無刀取り（奪刀法）三勢の中の無手勢（むしゅ）という技だった。無防備に見えた最初の構えは、相手の攻撃を引き出すための誘いであった。

家康は床几に戻って、驚きを隠せない表情で言った。

「いや恐れ入った。さすがは天下に聞こえた名人である。今後は、是非わしの兵法師範になって貰いたい」と。

その日家康は、その場で起請文をしたため新陰流に入門した。この時より、新陰流は徳川家の御流儀兵法となった。

また家康は、宗厳に自分の家来になって欲しいと要望した。しかし宗厳は老齢を理由に辞退し、代わりに息子の宗矩を取り立てて貰うよう申し入れ、了承された。宗厳は、人付き合いの上手な宗矩こそ、この役目に適任であると考えたらしい。この時より、宗矩は徳川家のために働くことになった。

家康が宗厳に会った真の目的は、柳生家を味方につけることにあったのだろうと思われる。柳生家は軍事的には小規模な勢力であったため、味方につけるメリットはあまり大きくない。

一方柳生庄は、伊賀や甲賀にも近く、それらの忍者たちと

も付き合いが深かった。柳生家には伊賀や甲賀と類似の手裏剣が伝わっていることからも、その関係がわかる。家康は、伊賀や甲賀の忍者を重用しており、柳生家にも同様の働きを期待したのではないかと推定される。

　柳生家が伊賀・甲賀忍者と仲が良かった理由は、距離が近いこと以外にもあった。

　柳生家の始祖は大膳永家で、菅原姓を名乗った。菅原氏は、旧東出雲王家・富家の子孫の土師氏から出た氏族であったので、柳生家も出雲族であった（あるいは自称した）ことになる。

　もともと柳生の地名に由来は、柳の森という小さい古墳に柳の大木が立っており、そこの集落がその名をとって「大柳生」と呼ばれたことに始まる。そこの氏神である夜支布山口神社には出雲族の磐座信仰が見られることから、この地が出雲族ゆかりの土地であることがわかる。

　そのため柳生家は、出雲忍者とも親密な間柄であったものと考えられる。それで、南北朝時代に笠置山（京都府相楽郡）に潜幸した後醍醐天皇に対し、柳生家出身の笠置寺の僧・中坊源専が楠木正成を推挙したこともあった。笠置山は修験道の行場であり、柳生庄（奈良県奈良市）から目と鼻の先の位置にあることから、出雲忍者の修験者が柳生の里にも出入りしていたと考える方が自然である。

　柳生の里には、「一刀石」と呼ばれる巨石があり、中央から真っ二つに割れている。宗厳がそこで天狗を相手に剣の修行をしていて、天狗と思って斬ったのがこの岩だと地元で伝えられている。（実際には、天乃石立神社の磐座であると考えられる。）この話の天狗というのも、修験者のことを例えているものと考えられる。

　以上の理由により、柳生家と伊賀・甲賀忍者とは、古くから親交を温めやすい環境にあったと言うことができる。

　慶長5（1600）年7月、家康は敵対の意志を表した会津・上杉攻めのため、野州（栃木県）小山に本陣を置いた。家康はそこで、石田三成挙兵の報を受けた。関ヶ原合戦に向けて、事態は大きく動こうとしていた。

　上杉攻めに従っていた宗矩は、家康から石舟斎に宛てた密書を受け取り、急ぎ柳生庄に戻った。その密書には、筒井氏や大和の豪族たちと協力して、西軍の石田方を後方から牽制するよう書かれていた。

　同年9月、東軍が関ヶ原近くに到着すると、家康は輿から身を乗り出し、まばたきもせずに敵状を見つめていた。この時宗矩が近づいて、「ご命令通り、皆従いました」と報告すると、家康は初めて安心した様子になったという。宗矩がいかに重要な役割を果たしたかが、この話からわかる。おそらく宗矩は、伊賀・甲賀忍者の手も借りながら、大和の豪族た

ちを味方につける工作をしていたものと推定される。

　宗矩はこのときの功績が認められ、徳川幕府の時代には、2代将軍・秀忠と三代将軍・家光の兵法指南になった。また、家光の時代には惣目付（後の大目付）となり、将軍に代わり大名たちを監察する権力を得た。その後、一万石の大名にもなった。

　宗矩は、活人剣（かつじんけん）の精神で徳川家の政治を支えたとされる。もともと新陰流には活人刀（かつにんとう）という奥義の一つがあり、それは「先に仕掛けて人（敵）を活動させ、その後から勝ちを得る」という意味であったが、宗矩はそれを「人を殺さず、活かす」という意味の「活人剣（かつじんけん）」に変え、政治手法に応用した。しかし、それは表向きの話であり、裏では大名たちの動きに目を光らせていた。

　新陰流には忍術らしい技はないため、宗矩は忍術そのものは使っていなかったようだが、伊賀・甲賀忍者とも協力しながら、諜報活動のようなことを行っていた形跡がある。

　肥前（佐賀県）に伝わるタイ捨流剣術（しゃりゅうけんじゅつ）には、忍者組織を組織し柳生一門や甲賀・伊賀と対抗したという話が伝わっている。

　また宗矩の長男・十兵衛三厳（みつよし）は、はじめ徳川家光の小姓として仕えていたが、20歳の時に家光の勘気に触れて出仕できなくなり、その後12年間は江戸を離れていた。ある記録によれば、その間に諸国を巡っていたとされており、隠密活

動を行っていたとの説もある。彼自身の著作には、柳生庄で
兵法修行をしていたと書かれているが、隠密活動のことは敢
えて記録には残さないだろうから、そのような活動をしてい
なかったことの証拠にはならない。また彼は仕込み杖（鉄芯
の入った竹製の杖、十兵衛杖と呼ばれる）の術を考案して
いるが、隠密活動以外にわざわざそのような隠し武器を使う
必要はないと考えられる。

　ところで、宗矩は徳川将軍に対して、非常な権力を持って
いたらしい。そのことは、島原の乱の出来事からわかる。
　島原の乱の知らせが江戸幕府に来ると、家光はすぐに板倉
重昌に追討に向かわせた。そのとき、宗矩はある大名から馳
走を受けていたが、その席に来た他の大名から追討軍出発の
話を聞いて、驚いて馬で板倉重昌を追いかけた。
　しかし、追いつくことができないことがわかると、夜間に
もかかわらず将軍の御前へ出て、「板倉重昌は必ず討死する
ので、追討軍を引き返させるべきです」と諫言した。
　家光はすでに夜も更けたことを理由に、決定を変更しなか
った。しかし、宗矩の予想通り、板倉重昌は討死した。
　この出来事を、後に勝海舟は『氷川清話』で次のように評
している。
　柳生但馬守（宗矩）は、決して尋常一様の剣客ではない。
…ぜんたい将軍が、すでに厳命を下して、江戸を発たせたも

のを、わずか剣道指南ぐらいの身分でありながら、独断でもってそれを引き留めようというのは、とても尋常の者ではできないことだ。おれはこの一事で、柳生が将軍に対して非常な権力を持っていたことを見抜いたのだ。…

　あくまでも推定であるが、宗矩は伊賀・甲賀忍者による諜報網を駆使して、各地の大名の動きに目を配り、徳川幕府を裏から支えていたのではないだろうか。それで、将軍に対する発言力も大きかったのではないかと思われる。この推定が史実であれば、その働きは表に現れなかったので、まさに「上の忍」であったと言うことができる

3．真田一族と山家神社

　天正10（1582）年の本能寺の変の後、天下の情勢は乱れ、とくに信濃国（長野県）小県郡では、徳川氏、後北条氏、上杉氏の三大勢力が所領をめぐって対立した。

　そこの真田地方の領主であった真田昌幸は、はじめは上杉氏についていたが、従う相手を後北条氏、次いで徳川氏と次々に変えていった。昌幸は徳川家康に従って、上田地方に進出し、そこに上田城（長野県上田市）を築いた。

　天正13（1585）年、家康は後北条氏との和議のために、昌幸に沼田領（群馬県北部）を後北条氏に引き渡すように要求した。しかし昌幸はその命令を拒否し、今度は上杉氏に味

方して、家康と敵対するようになった。

　昌幸はこの変わり身の早さから、「表裏比興の者」（謀略
に長けた食わせ者）と評されるようになった。しかしそれ
は、小国が大国と対等に渡り合うための術であり、戦国時代
の武将にとってはむしろ褒め言葉であった。

　怒った家康は、７千の兵を上田城（口絵２.）に差し向け
た。対する真田方は２千の兵しかいなかった。

　昌幸は上田城の守りを固め、城下の道にも千鳥掛けの柵
（左右交互に斜めに置かれた柵）を配置した。そして、息子
の信幸・信繁（幸村）兄弟に作戦を指示し、上田城の東を流
れる神川の前に陣を備えさせた。

　対する徳川軍は、東から神川を渡って押し出してきたの
で、信幸・信繁勢は作戦通り小競り合いをした後、城に向か
って退却した。徳川軍はその誘いに食いつき、後を追った。

　この時、昌幸は城の大手門を閉め、櫓に上り、甲冑もつ
けずに家来を相手に囲碁を打っていた。信幸・信繁勢は、徳
川軍を城の近くまで引きつけると、横曲輪に逃げ込んだ。

　徳川軍は「敵は小勢なり」と侮り、一気に城を攻め落とそ
うと大手門に迫った。

　昌幸はこれを見て、「頃は良し」と言って大手門を開き、
軍勢を率いて城中から激しく討って出た。信幸・信繁勢も横
曲輪から、徳川軍の側面を攻撃した。隠れていた民衆たち
も、合図の音を聞いて、徳川軍の後方に攻めかかった。

徳川軍は、狭い城下でいきなり四方八方から攻められたので、慌てふためいて劣勢となり、退却を余儀なくされた。しかし昌幸が配置した千鳥掛けの柵が、徳川軍の退却を阻んだ。真田軍は徳川軍に追い討ちをかけ、多くの者を討ち取った。徳川軍は神川を渡って逃げようとしたが、川の水が多い時期だったので、溺れる者も多かった。

　この戦で、徳川軍は1300人以上の者が討ち取られた。対する真田軍の被害は、わずかであった。（第一次上田合戦）

　慶長5（1600）年石田三成は、上杉征伐のため会津に向かう家康に対し挙兵した。その知らせを受けた真田家は、昌幸と次男・信繁は西軍（三成側）に味方し、長男・信幸は東軍（家康側）につくことに決め、互いに分かれた。昌幸・信繁は上田城に帰り、守りを固めた。

　徳川秀忠は、3万8千人の軍勢を引き連れ、中山道を西に進んだ。その途上には、真田軍3千人が守る上田城があった。

　昌幸は、東軍にいる長男・信幸に使者を送り、降参する旨を伝えた。秀忠はそれを聞いて「上田城を明け渡せば赦そう」と喜び、信幸と本多忠政を派遣して、和議交渉をさせた。

　昌幸は使者の2人を国分寺（上田市）に待たせておいて、そこで柔和な態度で饗応した。しかしこの昌幸の行動は、

籠城の備えのための時間かせぎであった。

　昌幸は翌日には態度を豹変させ、降参する意志がないことを使者に伝えた。それを聞いた秀忠は激怒し、上田城の攻撃を命じた。

　昌幸は少ない兵のみを城から出撃させ、徳川軍を鉄砲や弓でけしかけると、すぐに城に戻らせ、攻め寄せた敵を城で迎え討った。その戦い方を繰り返すうちに、徳川軍の死傷者は増えていった。

　昌幸の狙いは、秀忠軍を少しでも上田城に足止めさせ、西軍が有利になるように助力することだった。しかし、秀忠は上田城が簡単に落ちないことを悟ると、家康軍への合流を急ぐため、兵を引いた。（第二次上田合戦）

　以上が、真田昌幸が徳川の大軍勢を相手に、二度も上田城を守り抜いた有名な話である。（参考文献：『上田軍記』）

　また後年、昌幸の次男・信繁（のぶしげ）（幸村）は、慶長19（1614）年の大坂冬の陣で、大坂城の惣構の外側に「真田出丸（真田丸）（でまる）」を築き、攻め寄せる徳川勢を矢や鉄砲で打ち掛け、散々に討ち破った。

　さらに慶長20（1615）年の大坂夏の陣では、真田信繁隊は家康本陣にあと一歩の所まで迫る活躍を見せ、敵軍の大名たちから「古今これなき大手柄」、「真田日本一（ひのもといち）の兵（つわもの）、いにしえよりの物語にもこれなき」などと賞賛されるほどであっ

た。

　このような真田一族の戦い方は、楠木正成の戦術とも非常
によく似ていた。真田氏は出雲忍者を重用したので、その活
躍は、出雲忍者の働きによる所が大きかったであろうことは
想像に難くない。

　出雲忍者は、先祖代々の強い規律と団結心を持っていたの
で、戦国武将に重用されることが多かった。真田一族は、そ
の代表的な例であったと言える。

　出雲忍者（出雲散家<ruby>さんか</ruby>）は出雲では山家<ruby>やまが</ruby>とも呼ばれたので、

図11. 山家神社（上田市）

　真田氏の領地には、同じ名前の山家神社（長野県上田市）が
建てられた。

　山家神社は、神社・寺院・修験道の三体制で運営されてい
たが、とくに修験道の家は白山信仰の霊峰・四阿山の別当を
務めていた。そのため、この社は四阿山山頂にある白山社の
里宮として、修験者の信仰を集めていた。この地域には、修
験道の痕跡も多い。四阿山の別当には、真田氏出身者が養子
に入るなど、真田氏とのつながりも深かった。

　そのためもあってか、大坂冬の陣の時、真田信繁（幸村）
は豊臣側に味方するため、高野山九度山から大坂城へ向かっ
たが、その時の主従は修験者の姿をしていたという。

　真田氏が重用した出雲忍者（以下、真田忍者と呼ぶ）は、
上田から沼田にかけての山岳地帯に多く住んでいた。群馬県
吾妻には、修験者が修行した岩櫃山や山伏寺の潜龍院跡な
ど、修験者として活動した真田忍者の痕跡が多く残る。

　真田氏自身も、出雲忍者出身であった可能性が高い。真田
氏は信濃滋野氏の一族で、甲賀の望月氏とも同族であったこ
とがその理由の一つである。

　真田氏の領地の上田は、出雲王家の武御名方が建てた生島
足島神社が鎮座するなど、もともと出雲族の多い土地でもあ
った。望月氏の祖先を武御名方とする系図もあり、少なくと
も出雲族であった（あるいは自称した）ことは確かなようで

ある。

　また真田は、もとは「実田」と書かれたが、その名は「早苗田」が転じたものであったと言われている。この言葉には、出雲族のサイノカミ（幸の神）信仰が関わっている。

　田は、大地と同じで女神と考えられていた。また早苗は、もとは「幸の神の苗」の意味の「幸苗」であり、田に刺さるので男神であると考えられた。サイノカミ信仰では田植えの際に、この女神と男神が交わることで、稲の実（子宝）に恵まれるよう祈る神事がおこなわれた。それは、いわゆる類感呪術であった。

　また早苗田には、一本足の案山子が立てられた。案山子も田を刺しているので、男神のサルタ彦大神（幸の神の一柱）であると考えられた。『日本書紀』に、「サルタ彦神は、伊勢の狭長田の五十鈴の川上に着いた」と書かれている。そのこともあり、サルタ彦大神ゆかりの「サナダ」が、出雲族が多く住む長野県上田市の地名になったものと考えられる。

　真田氏はそこの出雲族を代表する者として、「サナダ」を名乗った可能性が高いと考えられる。

　真田信繁・大助親子は大坂夏の陣で最期を迎え、従っていた真田忍者の行方もはっきりしたことはわからない。

　しかし前川和彦著『秀頼脱出』には、「大坂夏の陣で敗れた豊臣秀頼と長男・国松は九州に逃れた」という秀頼の子孫

　の木場家の伝承が紹介されている。そしてその逃亡には、真田信繁の長男・大助と真田忍者・穴山小助も関わっていたという。この本には、木場家の話と部分的に一致する日出藩（大分県）木下家（秀吉の正妻・北政所の甥の家）や、九州の地元の伝承も紹介されている。

　このように日本には、建前の歴史の裏に史実が隠れていることが多い。とくに離れた別々の家で、同じ内容の伝承が残っていれば、その話は史実である可能性が高い。

　また中国人の場合、戦争に勝利した者は敗れた者を親族もふくめて根絶やしにする習慣があったが、日本人は無益な殺生を好まない性質があり、敗れた者が逃げてくれれば許す習慣があった。

　そのため、この秀頼・国松の逃亡劇は、おそらく史実であったものと考えられる。そして、その陰では真田忍者も大いに働いただろうと想像される。

４. 雑賀衆と根来寺

　天正４（1576）年、石山本願寺は織田信長の天下統一の野望を阻もうと、長年にわたる戦いを続けている最中であった。このとき織田軍の佐久間・明智勢は天王寺砦に籠っていたが、本願寺勢は突然１万５千の軍勢で砦に迫った。

　この知らせを聞いた信長は、自ら３千の手勢を率いて救援

に駆けつけた。

　すると、本願寺勢の数千挺の鉄砲が轟音とともに火を噴き、信長勢に襲いかかった。鉄砲はひっきりなしに放たれ、その様子はまるで降りしきる雨のようであったという。

　信長は、銃弾が飛び交う中を先手の足軽に混じって戦場を駆け巡り、軍を指揮して回った。

「ダーン」

　そのとき、信長の足に強い衝撃と痛みが走った。見ると、一発の銃弾が足に命中していた。彼は一瞬ひるんだが、痛みに耐えながらも下知を続けなければならなかった。それほどの苦戦を強いられていた。それは天下人になりつつあった信長が、命の危険にさらされた瞬間であった。

　このとき本願寺側で鉄砲を放っていたのは、最強の鉄砲集団として天下に名をとどろかせた雑賀衆であった。

　雑賀衆は、紀ノ川（和歌山県）下流域の雑賀という土地の人たちであった。「サイガ」ではなく、濁らずに「サイカ」と発音する。

　雑賀は現在の和歌山市全域に相当する地域であり、戦国時代には雑賀荘、十ヶ郷、中郷（中川郷）、社家郷（宮郷）、南郷（三上郷）の５つの地域の集合体であった。

　かれらは鉄砲を駆使して、少ない兵力で信長の大軍勢と対等に渡り合い、一歩も譲らなかった。その堂々とした戦績に

は、痛快さを感じずにはいられない。

　出雲の旧家の伝承によれば、雑賀衆は出雲散家の集団であった。雑賀衆は、出雲散家が持つ先祖代々の強い規律と団結心で、戦国時代を生き抜いた集団であった。

　出雲散家は山武士（山伏）や忍者の活動もしたので、雑賀衆も同じようにゲリラ戦を得意とした。雑賀衆は鉄砲が伝来する前から傭兵として活躍しており、早くからその特殊能力を買われていたものと考えられる。伊賀忍者の百地丹波が、雑賀衆に伊賀忍術を伝えたとも言われている。

　雑賀は、『万葉集』に「左日鹿」や「狭日鹿」と書かれ、もともとは「さひか」であった。「さひ」は鉄の古語であり、サビに通じる。

　その地では、紀ノ川上流の吉野川や丹生川から運ばれた砂鉄が採集され、それを原料にして鉄の鍛冶が行われた。

　出雲族は、出雲の斐伊川の砂鉄でたたら製鉄を行ったので、鉄とのつながりが深かった。それで雑賀衆も製鉄や鍛冶の技術に長け、刀や兜などをつくっていた。

　雑賀衆が使った兜は「雑賀鉢」と呼ばれ、雑賀荘宇治（和歌山市駅付近）でつくられていた。それは、飾りが少なく機能を重視したデザインで、実用性を重んじる雑賀衆の価値観が表れていた。

　かれらの鍛冶技術は、鉄砲生産とも強く結びつくようにな

った。そのつながりには、根来寺（口絵５．和歌山県岩出市）が大きく関わっていた。

　出雲の旧家の伝承では、雑賀衆は根来寺によく出入りし、そこに集まっていたと伝えられている。根来衆と雑賀衆とは別の集団のように見えるが、実際にはお互いに血縁関係を持ち、深くつながっていた。

　根来寺は、高野山金剛峯寺から分派した真義真言宗の本山であった。最盛期の戦国時代には、子院（僧侶の住居と学問所）の数が300余りあり、また多くの荘園を有していた。

　そこは16世紀後半のヨーロッパのメルカトル世界図に、「Miaco（都）」と並んで「Negra（根来）」と記されるほど繁栄し、有名な都市であった。

　またその寺は、他の宗教勢力や地方勢力との抗争が多かったため、独自に強力な軍事力を持っていた。当時の宣教師は根来寺のことを、「当時日本で最も栄えた寺院の一つで、僧は鉄砲や弓矢による軍事訓練を行い、畿内の大名が傭兵として雇ったり、富裕で立派な両刀を帯びたりしている」と評した。

　根来寺の僧侶には寺院の中心となる「学侶」と、一段低い身分の「行人」がおり、軍事はおもに行人が担当した。

　戦国時代には、雑賀を含む近隣の土豪や百姓の子弟が行人として根来寺に入り、次々と子院を建立した。例えば、子院

の泉識坊は雑賀荘の土橋氏、威徳院は中郷の湯橋氏と深い関係があった。

　彼らは武力を担う以外に経済活動もおこなって寺院に貢献したため、寺院の動向は行人の意向によって左右されるようになった。

　当時の宣教師は彼らの様子を、「頭髪を伸ばしたり、背中の半ばまで垂れ下げた姿の者が多かった」と記録している。それは頭を丸めた僧侶というよりは、修験者の姿に近かった。

　根来寺は葛城山系の南麓にあり、葛城修験とのつながりが深かった。今でも寺には役小角（口絵9.）を祀る行者堂があり、付近に葛城修験の道も残る。

　つまり行人になった雑賀衆たちは、修験者の活動もしていた。これは、出雲散家の特徴の一つであった。

　また雑賀では農村を中心とした共同体の「惣」が複数集まり、土着の武士も加わって、強い共同体を形成していた。雑賀全体を統治する支配者は存在せず、各郷村の代表者の合議で自治がおこなわれていた。さらに雑賀衆どうしで地域の枠を越えて姻戚関係を結んでいたため、雑賀全体で共存共栄を目指さなければならないという意識が根底にあった。

　同じように根来寺でも、学侶や行人すべてを含む全山の合議により意志決定がなされていた。

　それで当時の宣教師は、雑賀や根来寺のことを「共和国」

と表現している。

　このように雑賀衆と根来寺は共通点が多く、互いに協力し合う集団どうしであった。

　天文12（1543）年に鉄砲が種子島に伝来した後、根来寺・杉之坊明算の兄の津田監物が二挺のうちの一挺を譲り受け、紀州に持ち帰った。

　津田監物は、根来寺近隣の土豪であった。その祖先は楠木正成の四代の孫と伝えられているので、彼も出雲散家の末裔であったと言える。杉之坊明算が根来流という忍術の流祖と言われるのも、うなずける話である。

　津田氏は、当時相当な貴重品であった鉄砲を譲り受けるほど種子島と深い関係を築いていた。そのためには、おそらく雑賀衆の水運を利用して種子島と交流していたものと考えられる。

　雑賀衆は、雑賀崎（和歌山市）を本拠地にした水軍も保有しており、水運を使った交易もさかんにおこなっていた。現在、雑賀崎の港に面した丘の斜面には家がびっしりと立ち並んでおり、あたかも水軍の要塞のように見える。

　種子島から持ち帰られた鉄砲は、根来寺門前町の鍛冶職人により複製され、根来衆は多くの鉄砲を保有するようになった。

　さらにその生産技術は、根来寺から雑賀衆へ伝わり、そこの鍛冶職人により量産され始めた。そのため雑賀衆も、多くの鉄砲を持つようになり、早くからその使い方にも習熟することになった。忍者は火術をよく使ったため、火薬の調合にも早くから習熟した。それが、彼らが鉄砲を好んで使うようになったもう一つの理由であった。

　鉄砲伝来の６年後には、12歳の少年が鉄砲を習い始めていたという記録があるので、雑賀衆が鉄砲の訓練に相当に力を入れていたことがわかる。

　その鉄砲術は、伊賀や甲賀など他の地域の忍者にも、比較的早い時期に伝えられていったものと考えられる。

　こうして雑賀衆は、鉄砲集団として名を上げるようになり、大名や寺院勢力に傭兵として雇われるようになった。

　雑賀衆の中には多くの土豪が存在していたが、その中でも鈴木孫一（通称：雑賀孫市）が特に有名である。

　彼は十ヶ郷の土豪の１人に過ぎなかったが、敵の信長側より「大坂（本願寺）の左右の大将」の１人と見られており、本願寺勢の軍事の中心的存在であった。

　彼の配下には、蛍・小雀・下針・鶴頭・発中・但中・無二などと、射撃の得意な様子をあだ名されるほどの熟練の射手がそろっていた。この命中率の高さが、雑賀衆の強みの一つであった。

また当時の火縄銃は、弾薬を込めるのに時間がかかり、1人で扱う場合には連射ができないという欠点があった。しかし雑賀衆は数人で一つのグループをつくり、その中の1人は撃つことに専念し、残りの者たちが弾薬を込める作業を分担する戦術を採用した。その結果、数挺の鉄砲を使って弾薬を込みかえながら、ひっきりなしに撃つことが可能になった。

　雑賀衆は、このような撃ち方を集団で行うことができるよう、よく訓練された部隊を組織していた。

　雑賀衆の戦い方のもう一つの特徴は、必ずと言って良いほど敵味方に分かれて戦うということであった。しかし、その裏では敵味方でひそかに連絡を取り合い、どちらの方が有利かを見極め、負けそうな側にいる者は勝利しそうな側の軍にまぎれ込む行動をとった。実際に彼らが、敵側に情報を流したことを示す記録も複数存在している。

　彼らはこのような姿勢で戦いに臨んでいたため、長く味方だった相手に対し、突然敵対し始めるような転身ぶりを見せることも多かった。

　そのため現代人から見ると、雑賀衆の行動は一貫性に欠けているように見え、「何を考えているのかよくわからない」とか、「矛盾した行動をとっている」というような評価をされることが多い。しかしその行動こそが、彼らの処世術であった。

　同じように雑賀衆と根来衆との間の関係も、表面的には協力したり敵対したりすることがあったが、裏では互いにつながっていた。

　雑賀衆はこれらの戦術を駆使して信長側の大軍を相手に11年にも及ぶ戦いを有利に進め、結果的に信長の天下取りの計画は大きく遅れることになった。信長は、雑賀衆の術中にまんまとはまってしまったことになる。

　天正10（1582）年に信長が本能寺で斃れると、次に秀吉が紀州雑賀と敵対するようになった。秀吉は敵対する出雲散家には容赦しなかった。それは命令をきかない者が、秀吉が出雲散家出身である事実を、世に広めてしまう恐れがあったためであった。

　秀吉は、同じ出雲散家どうしの雑賀衆の戦術を知り尽くしていたようで、それらを封じる戦いをおこなった。

　天正13（1585）年、秀吉はまず根来寺を大軍で攻撃した。これは、雑賀衆と根来衆を分断するためであった。寺には多くの根来衆がいたが抵抗する者はなく、主な者は雑賀に逃れた。その結果、根来寺は本尊の三尊像と大塔、大師堂の伽藍中枢を残し、多くは焼失した。その際の赤い焼土層が近年の発掘調査で見つかり、広範囲に渡り子院が焼き討ちされたことが明らかになった。

　この経緯により、秀吉死去後に徳川家が京都・豊国社に圧

力をかける際に、参道の土地が根来寺の僧たちに与えられ、智積院が建立されることになった。

　秀吉は根来寺の次に雑賀へ攻め込み、諸城を攻め落としていった。最後には雑賀衆や根来衆の残党が太田城（和歌山市）に籠ったが、秀吉は数日のうちに城の周りに約5.8キロメートルの巨大な堤防をつくり、紀ノ川の大量の水を引いて水攻めにした。これは、秀吉が得意とした戦法の一つであり、その堤防跡は今も一部が残っている。
　この水攻めの目的の一つは、城を遠巻きに囲んで雑賀衆が得意とする鉄砲戦に持ち込まないようにしたことであった。もう一つの目的は、城内外の雑賀衆どうしの連絡を遮断することであった。城内の雑賀衆は、城外に出て敵の軍にまぎれこむこともできなくなり、最後は降伏した。
　雑賀攻めに勝利した秀吉は、雑賀衆から鉄砲や武器などをことごとく取り上げ、完全に武装解除させた。そしてこれが、後に行われた秀吉の「刀狩り」の原型となった。
　秀吉は、雑賀衆をさらに弱体化するため、朝鮮出兵（文禄・慶長の役）への参加を命じた。朝鮮側の文献には、この戦いにおける日本側の武将「沙也可」についての記事があり、これは雑賀衆のことを示しているとの説がある。

　その後、雑賀衆はその鉄砲の腕を買われ、諸国の大名に招

かれた。招いた大名の１人が、堀尾吉晴であった。

　堀尾吉晴は、秀吉の配下として多くの武功をあげていた。彼はその戦歴の中で、出雲散家（忍者）の鉄砲術の有効性に注目するようになった。天正９（1581）年の天正伊賀の乱の後には、散り散りになった伊賀衆を鉄砲隊として召し抱えた。さらに、秀吉が紀州雑賀を滅ぼした後には、生き残った雑賀衆も鉄砲隊として配下に加えた。

　堀尾吉晴は関ヶ原合戦後に出雲・隠岐国に領地を得た後は、伊賀衆と雑賀衆を松江城下に配置した。連れて来られた

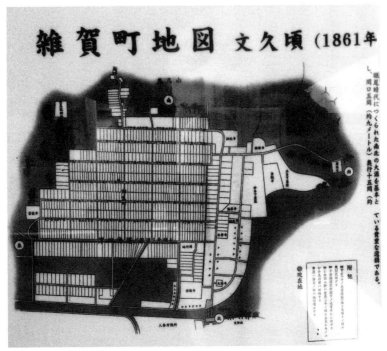

図12. 雑賀町地図（文久頃）

伊賀衆や雑賀衆からしてみれば、先祖ゆかりの地に引かれてきたことになる。

　慶長19（1614）年の大坂冬の陣では、堀尾氏はこの伊賀衆と雑賀衆の鉄砲隊を活用して戦った。堀尾氏が断絶した後は、伊賀衆は松江に残って忍者として働く者や、他藩に召し抱えられる者などさまざまであった。

　一方の雑賀衆は、現・雑賀本町や横浜町付近に根を下ろした。当時はその付近が雑賀町と呼ばれた。その町の隣には鉄砲足軽隊が住むようになった。そこは鉄砲町と呼ばれたが、現在はそこが雑賀町の中心になっている。

　この付近の町造りは慶長年間に堀尾氏によって始められ、寛永年間の松平氏の下で完成した。今でも狭い道路が碁盤の目のように整然と走り、足軽屋敷の街の風情が残っている。

　雑賀町の足軽たちは、戦時は軍の先頭に立って戦う集団であったが、江戸時代に戦がなくなり平和な世になると、学問で身を立てる者が出てくるようになった。彼らは貧乏暮らしから抜け出すため、学問によって立身出世したいという願望が強かった。そのため、町全体が教育熱心な気運となり、下級武士のための私塾や寺子屋が多く作られた。そのような教育熱は近代まで続き、「学問で身を立てて世に貢献したい」と、町の多くの者が考えるようになった。

　それで雑賀町からは、第25・28代内閣総理大臣の若槻禮（わかつきれい）次郎や、弁護士界の開拓者でスポーツの発展にも貢献した岸（じろう）

清一、松江市長の高橋義比など、多くの偉人を輩出すること
になった。

第六章　出雲阿国と歌舞伎踊り

1. 杵築大社の巫女・阿国

　　慶長8（1603）年、京都四条河原で華麗な衣装に太刀を差したかぶき者の姿の者が、舞台の上で歌に合わせて踊りを披露していた。それは名古屋山三郎という武士の亡霊と、阿国という女性との別れの場面であった。

　おかへりあるかのなごさんさまは

　　おくり申さうよ　こばたまで

　こわた山路に　　行暮て

　　ふたりふしみの　草まくら

　八千夜そふとも　なごさんさまに

　　なごりおしき　かぎりなし

（お帰りになるあの名古屋山三郎さまは

　　送ってさし上げましょうよ　木幡まで

　木幡の山路で　日が暮れてしまったら

　　2人で伏見の　草枕で寝ましょう

　八千夜添い寝をしようとも　名古屋山三郎さまへの

　　名残りおしさは　限りがありません）

　　武士に扮していたのは、出雲の阿国という若い女性であった。逆に阿国役は、別の男性が女装をして演じていた。男女が逆の性別を演じるという奇抜さと、阿国扮するかぶき者の踊りの見事さに、観衆は惜しみない声援と拍手を送った。こ

の踊りは評判となり、都中の人気を博するようになった。

　これが、出雲阿国の歌舞伎踊りであった。この踊りが後に伝統芸能の歌舞伎へと発展することになった。だから出雲の阿国は、歌舞伎の元祖だと言われている。

　出雲の旧家では、阿国は出雲散家の出身であったと伝えられている。

　三角寛著『サンカ社会の研究』にも、出雲阿国がサンカの出であり、遊芸者系統の統領の「エラギの一(かみ)」であったと書かれている。

　彼女は出雲散家の娘として、杵築(きづき)大社（現・出雲大社）の巫女になった。

　室町時代には、北島・千家両国造が24人の神子（巫女）を分担して任命していたとの記録があるから、阿国もこのような巫女の一人であったものと考えられる。

　弘治元（1555）年に、毛利元就(もとなり)は厳島合戦で陶晴賢(すえはるかた)に勝利した。その後、安芸と周防、長門、石見を支配するようになり、出雲地方の諸勢力を少しずつ味方に引き入れた。

　元就は、東出雲王家・富家に出雲の山代郷（松江市山代町）の田を寄進した。（斎木雲州著『出雲と蘇我王国』参照）

　その田は神楽田と定められ、そこから得られる年貢収入は、杵築大社や美保神社など、富家が関わる神社の祭日の神

楽行事の費用に充てられた。

　それで、神楽団のメンバーは生活費を得ることができ、一座の構成員（出雲散家の秘密組織・散自出雲の人々）は、出雲国に住んだ。

　つまり元就は、散自出雲を保護する代わりに、かれらが集める詳しい軍事情報を入手しようとした。

　当時、石見銀山（大田市大森町）は毛利勢が支配していたが、元就はそこの土地を安い費用で散自出雲の人々に分け与えた。その出雲散家の子孫は、代々その地に住むようになり、現代に至る。

　散自出雲の関係者は出雲国の各地に住み、毛利側にも敵の尼子側にもいた。そのすべての重要情報が、元就のもとに集まった。

　毛利軍は尼子軍に対し、一進一退を繰り返した後、最終的に勝利を収めた。

　毛利家は水軍を加えて強力になり、次は織田信長と対抗するようになった。

　天正10（1582）年に毛利側の備中・高松城が、信長側の羽柴秀吉に攻められた。その直後に本能寺の変が起こり、明智光秀に勝利した秀吉が新たな日本の覇者になった。

　この激変に対して、毛利家は秀吉と近畿にいる諸大名の動きを知る必要に迫られた。

　彼らの情勢を調査するように、毛利輝元は富家に頼んだ。

富家は出雲散家のメンバーの中から、踊りの巧い女を集めて神楽団を組織し、京都方面へ派遣した。その中心が、出雲阿国であった。

　天正 18（1588）年に、彼女らが京都方面にいて、神歌や小歌などで舞っていたことが『山科言経卿記』に書かれている。

　『野槌』に、「出雲の巫女が京に来て、僧衣をきて鉦を打ち仏号を唱えて、はじめは念仏踊りといった」と書かれている所を見ると、当初は宗教的な色合いの濃い踊りであったようである。

　そして彼女たちは、北野神社（京都市上京区）に身を寄せ、そこで仮小屋生活をするようになった。

　北野神社の社家・松梅院禅昌は菅原道真の末裔で、旧東出雲王家・富家の血統であった。その関係で、出雲散家の阿国たちの生活を支援した。

　阿国らは、神楽より普遍性のある地方の踊りを上演し、都で人気が出始めていた。

　『北野社家日記』には、天正 19（1591）年に阿国が北野社松梅院で、ヤヤ子踊りを舞ったことが書かれている。

　ヤヤ子踊りがどのようなものであったか記録には残されていないが、『多聞院日記』には、8 歳と 11 歳の童がヤヤ子踊りを舞ったという記録があるので、もともとは少女たちの踊りのことであったらしい。

ところがこの時期の阿国は、没年から逆算するとすでに成人に達していた可能性がある。そのため阿国のヤヤ子踊りとは、後の歌舞伎踊りの内容から推定すると、大人の阿国があたかも少女のように振る舞って踊ることで、そのギャップを楽しませるように工夫されたものであったのかもしれない。それが当時の人々を惹きつけることになった。

２．鴨川での歌舞伎踊り

　阿国たちは、北野神社での人気が上がるにつれて、鴨川周辺でも踊りを披露するようになった。彼女たちは、鴨川で仮小屋生活をするようになり、北野神社に加え、出雲系の上賀

図 13．出雲路幸神社（京都市上京区）

茂神社や下鴨神社が彼女たちの活動を支援した。

　下鴨神社の西側付近は、古代には愛宕郡出雲郷と呼ばれ、古くから出雲族が多く住む土地であった。そのため、付近には出雲路という地名や、出雲の名のついた社寺が今でも残っている。

　その一つの出雲路幸神社は、平安京の東北の鬼門除け守護神として鎮座し、平安時代には出雲路道祖神といったが、道祖神とは出雲族が信仰するサイノカミの別名であった。その後、江戸時代に現在の名に改められ、今でもサイノカミ信仰で崇拝されるサルタ彦大神や、出雲王たち（少名彦神・大国主命・事代主命）を祀り、境内には出雲族が崇めた磐座も鎮座している。

　またこの神社には、「阿国は稚児、巫女として仕えた」との伝承が残っているので、彼女は少女時代に実際にそこに住んだことがあったのかもしれない。

　阿国たちは、それら出雲族の支援を頼りに活動を続け、次第に都全体で人気を博すようになった。

　この頃、阿国は「天下一」を名乗っていた。「天下一」は秀吉が好んで与えた称号であり、記録はないが秀吉の面前で踊りを披露する機会があったのかもしれない。後述するが、阿国の遺品の中に豊臣家から拝領したという銅鏡があり、そこには「天下一」という文字が彫り込まれていた。

　また、「天下一北野対馬守」を名乗っていたこともあった。

「北野」は、北野神社とのつながりで名乗ったものと考えられる。また対馬守の守とは、出雲散家がよく使った職名でもあった。（なお、「対馬」は中国が使った卑字であり、本来は「津島」が正しい。）

　慶長3（1598）年に秀吉が死去すると、関ヶ原合戦に向けて、大名たちの間で情報収集の必要性が高まった。
　出雲阿国たち歌舞団は、秀吉の死後に諸大名が徳川側（東軍）につくか、毛利側（西軍）につくかを探る秘密の活動を行った。
　彼女たちは、大名や公家たちの京都の屋敷に招かれて、踊りを披露した。そして、各大名の動きを屋敷内の会話から探った。
　関ヶ原合戦直前の慶長5（1600）年7月の『時慶卿記』の日記には、近衛殿で行われた雲州（出雲）のヤヤコ踊りが夜まで続けられたと記録されている。
　このような情報収集は、踊り子集団だけに限らなかった。出雲散家のメンバー（散自出雲）は、全国に散らばっていた。
　彼らは「七道者」や「七乞食」とも呼ばれ、その中には阿国たちに似た「歩き巫女」も含まれていた。彼女たちは、神社の祭礼に巡回し、芸や色を売って生計を立てていた。
　彼らは各地の大事件を、出雲王国時代と同じように旧東出雲王家・富家に連絡してきた。富家は、その情報を毛利家へ

伝えた。

　その結果、富家には真実の日本史が詳しく伝わることになった。大元出版の本は、その情報をもとに書かれている。

　慶長5（1600）年の関ヶ原合戦では、阿国の情報を得ていた毛利家や小早川家は、表面上は西軍のように装っていたが、裏では徳川方と内通していた。毛利軍は戦いに参加せず、小早川軍は西軍を攻撃するという密約が、家康との間で結ばれていた。そして、その通りに行動した結果、徳川方は大勝利を収め、徳川家の優位は確定した。

　毛利軍は、密約を信じて大坂城を退去したが、その消極的な姿勢が忠節心の欠如と捉えられ、領地を減ぜられるとともに外様大名に転落した。そして慶長8（1603）年2月に家康が征夷大将軍に任ぜられた後は、徳川幕府の時代になった。

　しかし、西軍の中心の豊臣家は取りつぶしを免れたため、戦の火種は残されたままとなった。そのため、阿国たちの諜報活動も続けられることになった。

　阿国の名声が高まると、大名たちからの招きが増えた。大名たちは、踊りを見ること以外に阿国の持つ情報も目当てにしていた。それで阿国の持つ情報は、報酬の多い大名に伝えられることになった。そこで得られた新たな情報は、また別の報酬の多い大名に伝えられた。それを繰り返すことで、阿国のもとには多くの情報が集まった。得られた情報は、富家

へも伝えられた。

　阿国はこの頃、ヤヤ子踊りを発展させ、新たに歌舞伎踊り
を創り出した。それは女性が男装をし、逆に男性が女装をし
て、色恋物語を演じるものであった。重要文化財の『阿国歌
舞伎図』には、舞台の上で男まげを結い、刀を肩にかけた傾
き者姿の阿国が描かれている。
　阿国は、京都四条の鴨川河原で初めて歌舞伎踊りを披露し
たと言われている。そのことを記念して、そこには歌舞伎踊
りをする阿国の銅像が建てられている。
　その踊りは時代を経て形を変えながら、日本を代表する伝
統芸能の歌舞伎として、現代まで続くことになった。
　しかし鴨川の河原は、もともと被差別民が居住する場所で
あった。そのため都の人々は、そこで生活する阿国たちのグ
ループのことも、「河原者」や「河原乞食」と蔑んで呼んだ。
それで歌舞伎役者も、昭和時代までそのような蔑称で呼ばれ
続けることになった。

　また室町時代から、田楽・猿楽などの興行は寺社の境内で
行われており、人びとは芝生の上に座って見物した。このこ
とから「芝居」という言葉が生まれた。
　阿国の歌舞伎踊りも、見物人が四条河原の土手の芝生など
で見ていたので、「芝居」と呼ばれるようになった。それが

　由来となり、歌舞伎や演劇のことが「芝居」と呼ばれるように
なった。

　『当代記』や『慶長見聞録案紙』には、慶長8（1603）年4
月に阿国が歌舞伎踊りを演じていたとの記事がある。これ
が、歌舞伎踊りの最も古い記録であった。

　同じ年の5月には、女院新上東門院・勧修寺晴子（後陽
成天皇生母）の御所で阿国がヤヤ子踊りや、歌舞伎踊りを演
じ、貴賤群集したことが『時慶卿記』や『慶長日件録』に
記録されている。

　『当代記』には、この頃「伏見城へも参上し、たびたび踊
った」と書かれており、将軍に就任する前後の家康の前で
も、踊りを披露したものと考えられている。ただ二代秀忠
は、その踊りを好んでいなかったようで、見ようとしなかっ
た。このことは、後年徳川幕府が女歌舞伎を禁ずる兆候であ
ったのかもしれない。

　江戸時代に書かれた『武家閑談』には、阿国が伏見城にい
る家康の次男・結城秀康に招かれ、踊りを披露した時の逸話
が書かれている。秀康は武勇・器量にすぐれた武将であった
が、自分が二代将軍になれなかった不運を嘆いていた。そん
な彼は阿国の踊りを見て、「天下に幾千万の女がいるといっ
ても、天下一の女と呼ばれるのはこの女である。我は天下一
の男となる事かなわず、あの女にさえ劣りたるは無念なり」
と言って落涙したという。

阿国は、北野神社の舞台でもたびたび興行を行ったことが、『北野社家日記』などに書かれている。

　阿国は、都で得た名声の力を借りて、都以外でも勧進（寺社の修築・再建費用を集めること）歌舞伎踊りを演じるようになった。

　慶長9（1604）年10月には、伊勢の桑名で勧進かぶきを演じている。

　『当代記』や『慶長日記』によれば、慶長12（1607）年2月に阿国は杵築大社（出雲大社）の造営に合わせ、江戸城内の能舞台で勧進歌舞伎踊りを演じた。（その数日前には、同じ場所で観世・金春の勧進能も催されていた。）

　阿国の勧進興業は表面上の目的であり、あくまでも真の目的は諜報活動であったので、慶長14（1609）年に杵築大社の造営が終わった後も、歌舞伎踊りを続けた。

　阿国は知名の芸能者として、上流社会でも踊りを披露するとともに、連歌や茶会の席にも連なって諜報活動をしていたものと考えられる。

　阿国は歌舞伎踊りの人気で遊芸生活を続けていたが、京都方面での活動の記録は、『北野社家日記』の慶長17（1612）年正月をもって途絶えている。しかし、豊臣家はまだ健在であり、その後も阿国の諜報活動は続けられていたものと考え

られる。

　慶長20（1615）年に徳川家が大坂夏の陣で豊臣家を滅ぼ
すと、徳川政権に不安要素はほぼ無くなり盤石となった。その後、阿国は情報収集の必要性が減ったため、故郷の出雲に
帰ったものと考えられる。

　元和3（1617）年に「二代目阿国」という者が、四条中島
で興業していることから、少なくとも初代阿国はこの時点で
すでに歴史の表舞台から身を引いてことがうかがわれる。初
代と二代目の阿国が、どのような関係であったかは定かでは
ない。

３．阿国と連歌寺

　『出雲阿国伝』によれば、阿国は杵築大社の鍛冶職人・中
村三右衛門の娘であった。大社の史料などによれば、中村家
は代々杵築大社の被官職として御用鍛冶の棟領を勤め、神門
開閉の特権を許され、通称「門鍛冶」と称したという。当時
中村家は、杵築の中村の南端・鍛冶原という場所にあった。
中村家の末裔は、現在は大社町内でかまぼこ店を営み、阿国
にちなんだ商品をつくっている。

　赤山家文書の「御祭典」の項には、彼女の実家の様子が次
のように書かれている。（斎木雲州著『出雲と蘇我王国』参
照）

出雲大社の３月と８月の祭礼の時には、余興として、大鳥居近くの芝居小屋で、芝居興行が行われた。

　連日行われたが、最終日の６日夜の興行を「門鍛冶芝居」と称した。

　この夜の収益は門鍛冶屋の中村家のものとされていた。それは同家が、歌舞伎の元祖・出雲阿国の生家だからである。

　故郷へ帰った阿国は、実家の北側（浜四ツ角の北の「岡の坂、またはおかん坂」と呼ばれる小道の北側付近）に庵を結んで尼となり、自ら「智月」と号した。そして、朝夕は法華経の読経をつとめとし、それ以外は連歌を楽しみながら静かに暮らした。彼女の住んだ庵は、連歌寺や連歌庵と呼ばれ、阿国にちなんで「お国寺」とも呼ばれた。

　阿国の庇護者の北野神社・禅昌は、連歌の大宗匠・里村紹巴と深いつながりを持っていたので、禅昌も連歌は堪能であったものと推察される。それで阿国は、禅昌から連歌の手ほどきを受けたのであろう。

　ところで、杵築大社には古くから連歌会所があり、祭日だけでなく、毎月連歌を行う伝統があった。それらの連歌会は、「定連歌」と呼ばれた。

　旧東出雲王家・富家は、杵築大社での連歌の会の担当であり、連歌師・里村紹巴の流派とのつきあいも深かった。

図14. 出雲お国墓（出雲市大社町）

　このように杵築大社の関係者には、連歌の会に参加する者が多かった。阿国は、そのような人々に連歌を教えることで、生活費を稼いでいたものと考えられる。

　阿国の没年は、地元出雲では75歳や87歳などと伝えられているが、いつ何歳で亡くなったか本当の所は定かではない。1653年に起筆された『懐橘談』には、阿国の事績がすでに昔話として書かれているので、それより少し前に70〜80歳くらいで亡くなったものと考えられる。

　彼女は亡くなった後は、太鼓原の中村家の墓地に葬られ

た。その墓は、出雲大社から海岸へ向かう県道431号線沿い
にある。

連歌寺は、文政6（1823）年の中村大火で焼失したため、
養命寺坂下の西側に再建された。明治に廃寺になった後、阿
国の持仏と伝えられる3体の観音像は、大社町の安養寺と養
命寺に移され現在も祀られている。

そのほかに、豊臣家から拝領したと伝えられる銅鏡と数珠
の遺品も安養寺に伝えられている。銅鏡の裏面には、五三桐
の紋章と天下一の文字が彫り込まれている。

連歌寺は、現在は阿国の墓の北側に再建されている。その
前には、板彫りの阿国像が飾られている。

阿国の歌舞伎踊りの人気を受けて、それを真似た女性芸能
者たちの「女歌舞伎」や、前髪を残した少年たちの「若衆歌
舞伎」が京や江戸、大坂などで流行したが、いずれも風紀を
乱すという理由で徳川幕府や各藩に禁止された。そのため、
前髪を剃り落とした「野郎頭」の男性が演じる「野郎歌舞
伎」が登場し、阿国の歌舞伎踊りの頃から始まった女方の役
割も続けられることになった。その伝統は、現代の歌舞伎に
も伝えられている。

歌舞伎発祥の地の京都・鴨川付近には、江戸時代に東岸の
四条通りをはさんだ南北に、多くの芝居小屋が営まれた。し
かし、たびたびの大火で19世紀末には南北に一軒ずつが残

るのみとなり、それぞれ南座、北座と呼ばれた。その北座
も、明治時代の四条通拡幅により消滅し、南座のみが現代ま
で残ることとなった。その脇には、「阿国歌舞伎発祥地」の
碑が建てられ、阿国の業績を今に伝えている。

年　代	主な出来事
前7世紀	出雲王国成立
前2世紀	出雲族が大和国葛城地方に移住
2世紀	第一次物部東征、大彦勢がイズモ兵を連れて、伊賀国へ移住
3世紀	第二次物部東征、出雲王国滅亡、富宿祢がイズモ兵を連れて関東遠征、イズモ兵は出雲散家となる
699年	役行者が伊豆に配流される
1274年	一遍上人が時宗を開く
1321年	後醍醐天皇が親政を行う
1331年	楠木正成が、後醍醐天皇の勅命により赤坂城で挙兵
1333年	楠木正成が千早城で幕府軍と戦う、鎌倉幕府滅亡
1336年	楠木正成が湊川の戦いで敗死 足利尊氏が北朝天皇を立て、室町幕府を開く
1348年	楠木正行が四条畷の戦いで敗死
1374年	観阿弥・世阿弥が新熊野神社で、足利義満に能を披露
1384年	観阿弥死去、世阿弥が2代目を継ぐ
1408年	世阿弥が天覧能を演じる
1434年	世阿弥が佐渡に配流される
1487年	甲賀忍者が、六角輩下の将として足利義尚を破る（鈎の陣）
1493年	北条早雲（伊勢新九郎）が堀越公方を討ち、伊豆を支配する
1495年	北条早雲が小田原城を奪う
1542年	斎藤道三が、美濃国守護・土岐氏を追放

1556 年	斎藤道三が、長男・義龍との戦いで敗死
1573 年	室町幕府滅亡
1576 年	雑賀衆が天王寺砦で織田信長と戦う
1581 年	織田軍が伊賀国を制圧（第二次天正伊賀の乱）
1582 年	本能寺の変で織田信長自刃 羽柴秀吉が明智光秀に勝利する
1585 年	羽柴秀吉が根来寺、雑賀衆を破る、秀吉が関白となる 真田昌幸が上田城で徳川軍を迎え討つ（第一次上田合戦）
1586 年	豊臣秀吉が太政大臣となる
1591 年	出雲阿国が北野社松梅院で、ヤヤ子踊りを舞う
1594 年	柳生宗矩が徳川家に召し抱えられる
1600 年	真田昌幸が上田城で徳川軍を迎え討つ（第二次上田合戦） 関ヶ原の戦い
1603 年	徳川家康が征夷大将軍となり、江戸幕府を開く 出雲阿国が京都で歌舞伎踊りを始める
1612 年	出雲阿国の京都での最後の活動の記録
1614 年	大坂の冬の陣、真田信繁（幸村）が真田丸で徳川軍を討ち破る、堀尾氏が雑賀鉄砲隊を使う
1615 年	大坂の夏の陣、豊臣家滅亡

参考文献

（発行年、著書、／の後は著者、〈 〉内は発行所）

1912年	歴史地理近江号／日本歴史地理学会編〈三省堂書店〉
1965年	史料からみた秀吉の正体／田村栄太郎〈雄山閣〉
1970年	山伏の歴史／村山修一〈塙書房〉
1971年	柳生一族／今村嘉雄〈新人物往来社〉
1971年	北条早雲素生考／立木望隆〈郷土文化研究所〉
1971年	かくれ里／白州正子〈新潮社〉
1972年	修験道史研究／和歌森太郎〈平凡社〉
1972年	忍者の系譜／杜山悠〈創元社〉
1978年	爛柯堂棋話1／林元美（林裕校注）〈平凡社〉
1982年	漂泊の民　山窩の謎／佐治芳彦〈新國民社〉
1982年	忍の里の記録／石川正知〈翠楊社〉
1988年	考証忍者物語／田村栄太郎〈雄山閣〉
1989年	サンカとマタギ／谷川健一編〈三一書房〉
1989年	楠木正成のすべて／佐藤和彦〈新人物往来社〉
1989年	謎の弁才天女／吉田大洋〈徳間書店〉
1991年	役行者ものがたり／銭谷武平〈人物書院〉
1991年	雑賀の今昔〈雑賀郷土史編纂実行委員会〉
1992年	忍術の歴史／奥瀬平七郎〈上野市観光協会〉
1996年	出雲の阿国／大谷従二〈松江今井書店〉
2000年	山窩物語／三角寛〈現代書館〉
2001年	サンカ社会の研究／三角寛〈現代書館〉
2001年	忍者と忍術／戸部新十郎〈中央公論新社〉
2004年	戦国鉄砲・傭兵隊／鈴木眞哉〈平凡社〉
2005年	七福神と聖天さん／谷戸貞彦〈大元出版〉
2006年	サンカ社会の深層をさぐる／筒井功〈現代書館〉
2007年	隠れたる日本霊性史／菅田正昭〈たちばな出版〉
2010年	山陰の名所旧跡／勝友彦〈大元出版〉
2012年	出雲と蘇我王国／斎木雲州〈大元出版〉
2015年	完本万川集海／中島篤巳訳註〈国書刊行会〉
2015年	事代主の伊豆建国／谷日佐彦〈大元出版〉
2016年	サルタ彦大神と竜／谷戸貞彦〈大元出版〉
2018年	謎の出雲帝国（新装版）／吉田大洋〈ヒカルランド〉
2018年	明治維新と西郷隆盛／斎木雲州〈大元出版〉
2019年	魏志和国の都／勝友彦〈大元出版〉
2020年	上宮太子と法隆寺／斎木雲州〈大元出版〉

著者紹介

出生　1971 年神奈川県に生まれる

学歴　東京大学大学院　修士課程修了

　　　日本古代民俗学会　会員

　　　やまとことば学会　会員

職業　会社員

出雲散家の芸と大名　—伝承の日本史—

発　行　2023 年 1 月 16 日

著　者　富士林雅樹

発行人　富　早人

発行所　大元出版

　　　　ホームページ　アドレス　oomoto.net

　　　　振替口座　01340-3-66200

　　　　ファクス　045-852-0220

　　　　電　話　080-6334-1836

　　　　住　所　〒245-0066　横浜市戸塚区俣野町 1403-5-910

印刷所　モリモト印刷株式会社

ISBN978-4-901596-25-1　C0021　¥2500E